资助项目：贵州省高校人文社会科学研究项目
"贵州茶产业高质量发展研究"（2024RW128）

喀斯特石漠化治理中
农民合作社生态产业驱动
机制与模式研究

Research on the Driving Mechanism and Model of
Farmers' Cooperatives Ecological Industry in
Karst Rocky Desertification Treatment

任笔墨　著

中国农业出版社
北　京

前　　言

　　喀斯特地区作为中国的一个特殊地理环境，分布广泛，约占全国面积的13％。其中，石漠化问题尤为严峻，已成为制约这一地区社会经济发展和生态环境恢复的主要因素。石漠化不仅影响了土地的生产能力，还对生态系统的稳定性产生了深远影响，给当地农民的生计、生活质量及可持续发展带来了严峻挑战。为应对这一困境，近年来，中国提出并实施了"石漠化综合治理"工程，尤其是在党的十九届五中全会明确提出"科学推进荒漠化、石漠化、水土流失综合治理"的背景下，石漠化治理逐渐成为国家环境保护和乡村振兴战略的重要组成部分。

　　然而，石漠化治理的核心不仅仅是生态修复，更重要的是如何将治理成效转化为经济效益，实现社会、经济与生态的协调发展。传统的治理模式往往侧重于自然环境的改善和基础设施建设，却忽视了地方农民的参与与利益驱动。随着乡村振兴战略的深入推进，农民合作社作为乡村经济组织的重要形式，已经被赋予了新的社会使命。在这一背景下，如何通过农民合作社有效地驱动生态产业发展，不仅是石漠化治理的关键路径之一，更是推动地区可持续发展的必由之路。

　　本书以"喀斯特石漠化治理中农民合作社生态产业驱动机制与模式研究"为题，深入探讨了农民合作社在石漠化治理中的角色和作用，重点分析了如何通过合作社的组织形式，将生态产业与石漠化治理相结合，推动生态效益和经济效益的双重提升。全书结合贵州省三个典型的喀斯特地区（毕节撒拉溪、关岭-贞丰花江和施秉喀斯特）进行实地调研，结合丰富的案例和数据，通过理论框架的构建与实践经验的总结，阐明了农民合作社驱动生态产业发展的作用机制、影响因素以及优化提升的策略，并构建了适应不同喀斯特生态环境的生态产业发展模式。

　　喀斯特地区的石漠化治理是一项复杂的系统工程，涉及生态、社会、经济等多个领域的相互作用。在治理过程中，如何在恢复生态功能的同时，保证农民的经济收益，成为摆在面前的难题。传统的石漠化治理模式往往侧重于土壤修复、水源保护等自然治理措施，但这些措施往往缺乏经济效益的驱动，导致其可持续性较差。近年来，随着生态产业的兴起，尤其是林业、农业、旅游业等产业的发展，越来越多的学者和实践者认识到，只有通过产业驱动，才能让石漠化治理不仅有生态效益，还能够带来经济上的可持续增长。

农民合作社作为推动生态产业发展的重要载体，在这一过程中发挥了不可忽视的作用。农民合作社不仅能够组织农民进行集体行动，还能够整合资源、集约生产，推动地方特色产业的兴起。通过农民合作社，石漠化治理的成果能够转化为可持续的经济效益，并为当地的农民提供更加稳定的收入来源。正因如此，如何通过农民合作社这一组织形式，驱动地方生态产业的发展，成为本书的核心内容之一。

本书旨在通过对贵州省三个具有代表性的喀斯特地区的深入调研，揭示农民合作社在石漠化治理中的作用机制，探索适应不同地区特点的生态产业驱动模式。

一是阐明农民合作社驱动生态产业发展的过程与机制。重点探讨农民合作社如何在多种力量的协同作用下，促进生态产业的发展。通过建立异质行动者网络理论框架，结合贵州省的实际情况，研究农民合作社如何在石漠化治理中发挥积极作用。

二是揭示影响农民合作社驱动生态产业发展的因素。生态产业的发展不仅仅依赖于自然环境的改善，还与地方政策、资金支持、技术保障等多方面因素密切相关。通过实证分析，探讨这些因素如何影响农民合作社的生态产业发展，并为进一步提升合作社效益提供政策建议。

三是构建适应喀斯特地区的生态产业驱动模式。不同地区的喀斯特生态环境差异较大，如何根据地区特点制定适应的生态产业发展模式，是本书又一重要目标。通过研究贵州省不同石漠化类型区域的产业发展情况，提出具有较高推广价值的模式，并进行应用示范与验证。

四是促进石漠化治理与乡村振兴的协同发展。本书不仅关注生态效益的提升，更注重通过生态产业的带动实现乡村振兴战略的目标。通过研究农民合作社这一组织形式实现石漠化治理与乡村振兴的协同效应，是本书的核心价值之一。

本书采用了多种研究方法，包括文献分析、实地调研、数据统计、案例分析等。研究区域选择了贵州省毕节、关岭-贞丰、施秉三个具有代表性的喀斯特地区，进行为期 5 年的深入调查和数据收集。通过对共计 143 个农民合作社及其产业发展情况的统计分析，结合 8 个案例合作社的系统调研与访谈，全面了解农民合作社在生态产业中的具体实践和成效。

为科学分析农民合作社驱动生态产业的机制，书中运用了人地协调发展理论、行动者网络理论、集体行动理论等理论框架，结合二元 Probit 回归分析法、层次分析法、ArcGIS 空间叠加分析法等定量分析方法，系统地揭示了农民合作社与生态产业之间的作用机制、驱动机制以及效果提升策略。

本书不仅填补了农民合作社在石漠化治理中驱动生态产业发展的学术空白，还为相关政策的制定提供了科学依据；通过提出适应喀斯特地区不同生态环境特点的生态产业发展模式，为推动地方特色产业和石漠化治理的协同发展提供了理论指导。

总的来说，本书通过对喀斯特地区农民合作社驱动生态产业的深入研究，探索了生态环境保护与经济发展的协同路径；通过多年的实地调研与数据分析，提出了具有实际应用价值的生态产业发展模式，为推动石漠化治理、乡村振兴及可持续发展提供了新的思路和方法。

希望本书能为学术界、政策制定者及地方政府提供有力的理论支持与实践指导，为中国乃至全球石漠化治理和生态产业发展提供宝贵的经验和借鉴。书中疏漏和不妥之处，敬请广大读者批评指正。

任笔墨

贵州财经大学

2025 年 1 月

目　　录

第一章

研究现状

第一节 农民合作社与生态产业

一、农民合作社

合作社，英文名为 Cooperative Society 或 Cooperation。历史上第一个合作社——罗虚代尔公平先锋社（Rochdale Society of Equitable Pioneers），诞生于 1844 年（王勇，2018），截至 2024 年合作社在全球已有 180 年的发展历史，成为农村地区普遍存在的经济合作组织（杜志喜，2007）。合作社最初是经济上的弱势群体为了面对市场经济，共同建立的具有经营和生产功能的自助互助组织（Staatz，1987）。合作社是市场机制的产物，通过联合生产和经营壮大个体力量，以群体的形式共同面对市场。由于各国的具体情况和政策导向不同，合作社的概念和界定有所区别；1995 年，国际合作社联盟（International Cooperative Alliance，ICA）明确提出了合作社的定义：合作社是为了满足人们共同的经济、社会及文化需求和愿望，以联合所有与民主控制的方式，自愿联合成立的自治组织（ICA，1995）。我国于 2017 年 12 月 27 日第十二届全国人民代表大会常务委员会第三十一次会议修订通过了《中华人民共和国农民专业合作社法》，并于 2018 年 7 月 1 日起正式施行，该法规定，农民专业合作社指在农村家庭承包经营基础上，农产品的生产经营者或农业生产经营服务的提供者、利用者，自愿联合、民主管理的互助性经济组织（王卫军，2007）。我国学者对农民合作社的定义为，农民合作社是农民自愿将各自拥有的生产资料，包括土地、农具、劳动力、生产的农产品等整合，投入集体中，进行集体的劳动、生产及经营的经济合作组织（郭铁民 等，1995），本文采用我国学者的定义。

二、生态产业

"生态产业"的概念伴随着"产业生态"思想的萌芽而产生（Kummar et al.，1991；罗胤晨 等，2021）。20 世纪中叶随着工业发展，全球出现严重的环境污染问题，1962 年《寂静的春天》一书首次出版，环境问题逐渐引起人们的关注（Carson，2002）。丹尼斯·米都斯（1997）在《增长的极限》一书中谈到人类发展已面临困境，应减慢经济增长、减少资源消耗，才能解决当前的困境。对环境承载力、资源枯竭等问题的思考，促发了资源重复利用、资源循环再生的产业生态思想的诞生（Frosch et al.，1989）。在产业生态思想的引导下逐渐形成生态产业。

相较于国外，我国"生态产业"的提法出现较晚，于 20 世纪 90 年代开始提及。1993 年，国务院政府工作报告提出要"发展生态农业"（罗胤晨 等，2021）。生态产业的概念内涵至今还未统一，李周（1998）将其内涵概括为，利用生态技术，通过物级转换，实现资源利用效率的提升，并大幅降低资源消耗和污染程度，提出生态产业包括生态农业、生态工业、生态服务业。王如松（2000）提出，生态产业是基于生态系统承载力，按生态经济原理和知识经济规律组织，具有高效经济过程与和谐生态功能的网络型、进化型产业。牛奕霖（2018）提出特色养殖产业、生态旅游业等，具备无污染、绿色、生态化等特点的产业类型都应纳入生态产业的范畴。胡明（2020）提出生态产业是在绿色发展理念的指导下，在创新驱动支持下，注重生态、经济、环境的和谐，并推动经济高质量发展的产业。

综上，可以认为生态产业是以生态平衡为前提，以和谐共生为基础，以可持续发展为目标，遵循地域分异与生态适宜的原理，以产品的生产、消费、回收再利用为内容，实现经济发展和生态保护"双赢"的产业状态。

三、农民合作社与生态产业的关系

现阶段，我国农村以户为生产单位的小农经济仍然占主导地位，大部分农户的收入来源于外出务工。部分农户有留在家乡发展生态产业的意愿，但自身不具备发展产业的能力，而农民合作社则可能为农户规模化发展生态产业提供有效载体（徐旭初，2017）。通过农民合作社将农户组织起来，共同发展当地的特色生态产业，能够实现共益增收（熊万胜，2008；Abdul‑Rahaman et al.，2018；Sinyolo et al.，2018）。农民合作社能够有效降低交易成本（Staatz，1987），更好地与外部市场对接，为生态产业的发展提供更好的条件。韩国明（2009）、于菊兰（2012）、周静等（2014）分别结合美国、日本和韩国的实践经验分析了农民合作社在乡村生态产业以及乡村振兴中的重要作用。农民合作社具有社会、经济、政治、教育等功能（姜裕福，2011），能够为乡村生态产业发展和乡村振兴提供持续动力（陈阿兴，2010；白德全 等，2019）。

第二节　石漠化治理中农民合作社与生态产业

一、石漠化治理中的农民合作社

喀斯特石漠化地区农民合作社的产业以种植业和畜牧养殖业为主，由于喀斯特石漠化地区缺水少土，造成土地生产力低下，限制了农民合作社的发展（刘艳鸿，2017）。喀斯特地区山高谷低、土地破碎，导致集中连片耕地较少，难以实现规模化农业生产（张军以 等，2020），也成为限制农民合作社发展的因素。同时，在家庭联产承包土地经营制度下，以户为基本单位的小农经营习惯，对农民合作社的发展形成阻碍（刘艳鸿，2017；张军以 等，2020）。此外，大部分喀斯特地区具有雨热同期的气候环境和高低起伏的地势形态，这为其发展多种种植业、畜牧业及旅游业等提供了条件，能够有效丰富农民合作社的产业发展内容。现阶段，喀斯特石漠化治理区的农民合作社规模普遍较小，各个村的合作社数量少，通常以某一特色生态产业为主要经营内容。石漠化治理区现有农民合作社以能人领办型为主，也存在小部分村集体带动型合作社和极少数企业引领型合作社。近年来，喀斯特石漠化地区在外务工的农户较多，土地闲置，这为部分回乡发展农业生产的能人大户创造了条件，能人大户通过组建农民合作社，流转闲置土地实行了农业规模化经营（张军以 等，2020）。

二、石漠化治理中的生态产业

喀斯特地形崎岖，集中连片的耕地少，单个农户耕地面积有限，在家庭联产承包经营制度影响下，农业生产以户为单位、产业结构较为单一、生态承载力有限，难以实现大规模农业生产（闫春华，2019；张军以 等，2020）。现阶段，石漠化治理区根据各自的地域环境，因地制宜地进行了特色经果林栽培、精品生态中药材种植、农产品精深加工、生态休闲旅游业等生态产业开发（蒋勇军 等，2016）。广西喀斯特峰丛洼地石漠化治理区发展了火龙果、罗汉果、木豆等地域特色生态产业（曹建华 等，2016）。在喀斯特断陷盆地地区开发生态农业畜牧业、生态旅游业、特色生物资源利用与加工等产业（曹建华 等，2016）。在喀斯特贵州高原山地石漠化治理区发展了特色林果、中药材、特色畜禽养殖、特色山地旅游等生态产业，并基于石漠化治理的修复目标，已提出林下种植中药材、林下养禽、生猪养殖-沼气-花椒、粮-草-养殖-沼气、果-草-养殖-沼气等生态农业治理模式（张俞，2020；张军以 等，2020）。

三、石漠化治理中农民合作社与生态产业的关系

培育农民合作社是实现农村生态产业发展的重要方式，是喀斯特石漠化地区实现可持续发展的有效途径，农民合作社能有效促成农户的自助式发展（Birchall，2003），使生态治理成效转化为经济效益，从而巩固石漠化治理成果（Ren et al.，2022）。目前，国家石漠化治理重大工程面临成果巩固难的问题，石漠化治理的后续可持续性成为石漠化治理面临的瓶颈，单从植被恢复、提高林草植被覆盖度的角度治理石漠化（Jiang et al.，2014），难以实现退化生态环境向绿水青山的转变，更难以转变为金山银山。农民合作社有利于联合农户和多方资源共同发展生态产业，帮助百姓增收，经营石漠化地区的绿色资源，将其合理转化为经济效益，为石漠化地区百姓找到可持续的产业支撑，从根源化解石漠化地区的人地矛盾，从而有效巩固石漠化治理成效。

第三节　农民合作社与生态产业研究进展与展望

一、文献的获取与论证

检索的文献包含中文、英文两类，其中中文文献检索基于中国知网信息资源总库 CNKI（China National Knowledge Infrastructure）；而英文文献检索基于贵州师范大学图书馆外刊资源服务系统以及施普林格数据库。中文检索在中国知网全文数据总库以"全文/篇名/主题/关键词"为检索项，以"合作社""农民合作社""农业合作社"为第一次检索词，以"生态产业"为第二次检索词；英文以"agricultural cooperatives""farmers' cooperatives"为第一次检索词，以"ecological industry"为第二次检索词，在上述数据库进行检索，检索时间截至 2021 年 6 月 30 日 24：00。经过人工筛选，共检索到农民合作社与生态产业的相关中外文文献共 416 篇（图 1-1）（其中，外文文献 80 篇，中文文献 336 篇）。其中，期刊文献 324 篇，硕士论文 14 篇，博士论文 6 篇，专利 20 项，科技成果 15 项，国内会议论文 19 篇，国际会议论文 2 篇，报纸 16 篇。

（一）文献年度分布

关于农民合作社与生态产业的研究，国外开展较国内稍早一些，始于 20 世纪 80 年代中期，于 1984 年发表了第一篇文章，而我国对其的研究稍晚，始于 21 世纪初，于 2004 年发表了 2 篇文章。通过对图 1-2 分析可知，1980—

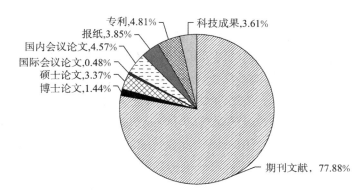

图 1-1　研究文献类型

2020 年，大致可分为三个阶段（图 1-2）。第一阶段 1980—2000 年，文献数量共计不超过 10 篇，且每年的文献数量不超过两篇，处于起步阶段；第二阶段 2001—2007 年，呈起伏上涨趋势且起伏较大，为缓慢增长期；第三阶段 2008 年至今，呈现快速增长趋势，年均文献均在 10 篇以上，研究的内容逐渐深入，为快速增长期。

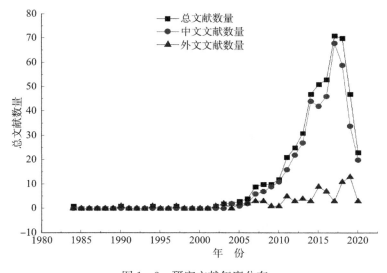

图 1-2　研究文献年度分布

（二）文献内容分布

将查阅的所有文献根据研究内容按机制、模式构建、技术路径、绩效评价和其他有关研究进行分类并加以总结（图 1-3）。其中，机制 144 篇、占总数 34.69%；模式构建 113 篇，占 27.14%；技术路径 56 篇，占 13.48%；绩效评价 77 篇，占 18.43%；其他文献 26 篇，占 6.26%。检索文献中，机制的相关文献最多，其次是模式构建的文献，技术研发的研究近年发展较快，绩效评价方面的研究还处于初步发展阶段。从学科来看，农民合作社与生态产业的相关文献中涉及学科主要有基础农业科学、产业生态、经济管理科学、农业生态、环境科学与资源利用、政策学、生态畜牧业、农业工程、农作物、企业经济、市场研究与信息、宏观经济管理与可持续发展。其中，涉及最多的学科为基础农业科学（图 1-4），有 66 篇，占总文献的 15.87%；产业生态学其次，为 64 篇，占总文献的 15.38%；农业生态领域 57 篇，位居第三，占总文献的 13.7%；第四为经济管理科学，37 篇，占总文献的 8.89%。从文献的科学分布能够看出，文献更多侧重于生态产业及农业发展，经济管理类也有涉及，但相对较少。

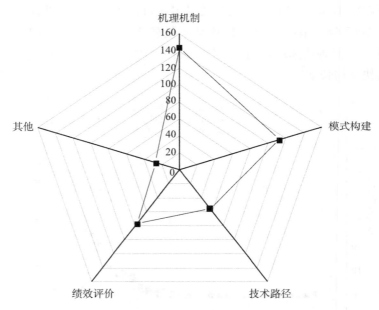

图 1-3 农民合作社与生态产业文献的内容分布

（三）文献区域分布

在查阅的 416 篇文献中，外文文献共 80 篇，主要集中在亚洲、北美洲和欧洲（图 1-5）。其中，中国的发文量最多，为 23 篇，占总数的 28.75%；美国位居第二，有 10 篇文献，占总数的 12.5%；其次是英国、西班牙及荷兰，文献数均为 5 篇；澳大利亚为 4 篇；意大利为 3 篇；俄罗斯、巴西、日本、韩国、泰国等 20 个国家在这一领域的文献总数均在 2 篇及 2 篇以下。中文

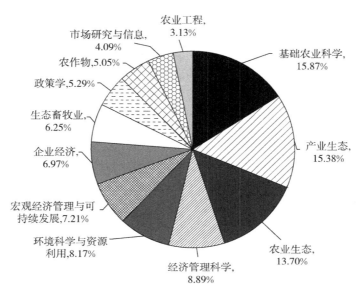

图 1-4　农民合作社与生态产业文献的学科内容分布

文献共 336 篇，北京分布最多为 54 篇，占总数的 16.07%；其次是浙江有 42 篇，占总数的 12.5%；再次是山西、湖南、河北、四川、甘肃、贵州，文献篇数均在 15 篇以上；福建、河北、江西的文献均在 10 篇以上；天津、云南、江苏等 15 个省份的文献篇数均在 10 篇及以下。经过以上数据分析发现，研究农民合作社与生态产业的文献，主要分布在有大量农村地区的省份，这些地区通常适合发展生态产业并具有大量农民合作社。另外，研究喀斯特石漠化地区农民合作社驱动生态产业发展的文献鲜见，理论研究与实证研究的进展都较为缓慢，但其他地区的研究对喀斯特石漠化地区具有借鉴意义。

（四）文献的单位分布

在检索的 416 篇中外文文献中（图 1-6），文献产生单位主力军为国内农业管理领域较强的高等院校与科研单位。文献最多的为浙江大学，发表 23 篇；其次是浙江农林大学，为 19 篇；文献在 15 篇及以上的单位有 8 个，分别为浙江大学、浙江农林大学、山西农业大学、湖南农业大学、北京林业大学、中国农业科学院、河北农业大学、西北农林科技大学；10 篇及以上的有 16 个单位；不到 10 篇的单位有云南大学、贵州大学、广西大学等 56 个单位。在文献数量较多的研究单位中，大部分为农业类高等院校，主要原因是农民合作社及生态产业的研究与农业类高等院校联系更为紧密。

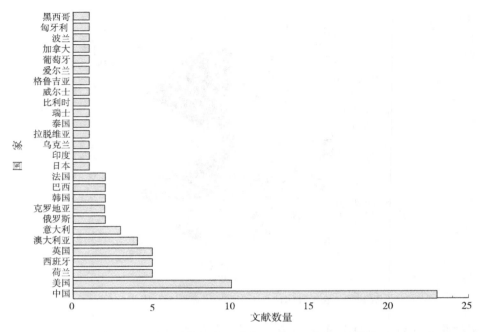

图 1-5　农民合作社与生态产业外文文献的区域分布

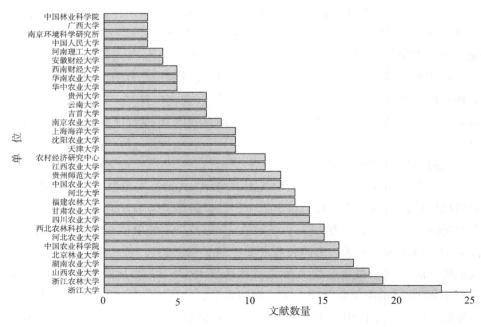

图 1-6　合作社与生态产业的研究文献单位分析

二、研究阶段划分

根据研究文献年度分布图（图 1-2）可以看出，合作社治理模式与乡村治理研究始于 20 世纪 80 年代初，发展至今已有逾 40 年的历史，结合这期间农民合作社与生态产业的政策、百姓意识等背景的变化，本文将农民合作社与生态产业的研究划分为三个阶段，即起步期、缓慢发展期和高速增长期（表 1-1）。

表 1-1 农民合作社与生态产业研究阶段划分

研究阶段	主要特征	发展背景
起步期（1980—2000 年）	研究文献极少，全部为外文文献，分布在欧洲、北美洲等地，其中几年出现空白，内容较为单一，以经验介绍居多，少量文献提及农民合作社驱动生态产业发展的过程，其驱动机制及模式鲜少有学者探索	国际合作社联盟重新确定了合作社的含义（汤鹏主 等，2014）和基本原则。20 世纪 80 年代初，改革开放后，我国以户为基本单位的小农经营难以满足农业发展要求，难以适应激烈的市场竞争，农民合作社在这种形势下大量兴起（刘艳鸿，2018）。同时，人们对产业生态化的认识不断深入，逐步将环境承载力、资源重复利用、资源循环再生等产业生态化思想纳入产业发展中，意识到生态产业是未来产业发展的重要方向（Frosch，1995；Ehrenfeld，2000）
缓慢发展期（2001—2007 年）	每年都有期刊文献发表，但每年最多不超过 10 篇，研究内容以介绍国外合作社发展生态产业的过程及模式为主，研究类型及方法趋于多元化，开始关注农民合作社在生态产业发展中的功能、作用及优势，农民合作社带动生态产业发展的模式趋于多样化（何超群，2015）	2002 年，在第九届全国人大会议修订通过的《中华人民共和国农业法》中，鼓励农民自愿组成各类专业合作经济组织。2003 年，中共十六届三中全会通过的《中共中央关于完善社会主义市场经济体制若干问题的决定》明确支持基于"自愿、民主"原则建立农村专业合作组织。此外，2004 年、2005 年、2006 年的中央一号文件都明确表示支持、推动农民合作经济组织的发展。这一时期，随着乡村经济的发展，乡村生态环境问题开始凸显，人地矛盾升级，农民合作社顺应时代背景，开始发展乡村生态产业
高速增长期（2008 年至今）	该领域的研究文献每年都在 10 篇以上，并呈现逐年显著递增的趋势。作用机制与模式构建的相关研究占据主导地位，农民合作社带动乡村生态产业扶贫的研究显著增多，研究方法趋于多样化与科学化。影响生态产业产前、产中、产后的内外部因素受到更多关注，农民合作社与生态产业的互动过程及作用机制的研究成为热点	2007 年 7 月 1 日，《中华人民共和国农民专业合作社法》颁布实施，为合作社的发展提供了法律保障，充分激发了我国百姓发展农民合作社的热情，合作社更加注重挖掘发展潜力、优化配置各类生产要素、扩大规模、提升质量。党的十八大报告提出"大力推进生态文明建设"，为新时期生态产业的发展提供了良好的政策环境（刘艳鸿，2018）。我国实行精准扶贫战略，鼓励农民合作社带动生态产业发展，助力产业扶贫。党的十九大报告提出的"乡村振兴战略"以产业兴旺为基础，将农民合作社驱动生态产业的发展提到前所未有的高度

三、主要进展与标志性成果

(一) 工作机制

1. 农民合作社通过合理整合内外部资源，促进乡村生态产业的可持续发展 研究表明，农民合作社通过提供技术支持、降低交易成本 (Bonroy et al.，2019)、提升产品质量 (Cechin et al.，2013; Hao et al.，2018)，提高合作社的生产力 (Ortega et al.，2019)，提升合作社收入，有效促进产业可持续发展 (Bernard et al.，2009; Fischer et al.，2012; Wollni et al.，2015)。Shota 等 (2019) 研究发现欧洲伊梅梯亚地区蔬菜合作社通过整合资源，使小农户更好地与外部市场对接，通过内部生产条件与外部支持条件形成良性互动，促使当地生态产业实现可持续发展。Sultana 等 (2020) 通过孟加拉国农民合作社的研究表明，农民合作社能够保证农民的农产品得到合理的收购价格，并通过培训等方式提供技术援助，有效帮助农民提高生产效率 (Faysse et al.，2012)，获得更高收入 (Verhofstadt et al.，2014; Ma et al.，2016; Mojo et al.，2017; Hoken et al.，2018; Kumar et al.，2018; Ofori et al.，2019)，反过来提升了农户参与合作社的积极性，促使当地生态产业实现可持续发展。

2. 农民合作社通过循环产业，实现生态保护与产业发展的良性互动 生态循环产业属于循环经济，包括资源循环利用、产业融合链接、废弃物闭合消纳等节约化生产的内容 (彭升 等，2019; 王云华，2019)。农民合作社通过发展生态循环产业，实行废物利用，使废物重新转化为生产资源，从而实现生态保护与产业发展的良性互动。"良好的生态-农民合作社发展-生态进一步改善"的螺旋式循环是农民合作社与生态良性互动的一般路径。部分农民合作社推行农产品标准化生产，引导农民在生产中减少化肥、农药的施用，促进农业生态系统的改善 (陈阿兴，2010); 蔡荣等 (2012) 根据山东省苹果产业的研究发现，农户加入农民合作社能显著减少农药施用量，其原因是农民合作社实施了农药施用控制、农药残留检测、生产过程监督、浮动定价机制等监控措施 (娄博杰，2015)。农民合作社发展的生态产业需在第一、第二、第三产业基础上，增加具有分解和转化功能的"补链产业" (Levine，2003; 朱红伟，2008; 孟祥林，2009)，从而更加充分地利用资源或变废为宝，形成循环产业链。农民合作社发展循环产业能促进生态保护与产业发展的良性互动，但如何在产业链中加入"分解者"一环，如何实现产业循环，农民合作社在实现生态保护的过程中如何发挥作用，都有待进一步探索。

3. 农民合作社通过发展生态产业能有效推动乡村生产、生活、生态的协调可持续发展　在我国，发展农民合作社与实现乡村振兴的战略目标高度一致（孔祥智，2018），农民合作社具备合作化、产业化和社会化的农业组织化功能（徐旭初，2018），是实现乡村振兴战略的有效载体（温铁军，2018；赵晓峰，2018），它通过标准化生产提升农产品质量（Cechin et al.，2013；Pennerstorfer et al.，2013；Chagwiza et al.，2016）、拓展销售渠道（Liu et al.，2019）、提升农产品收购价格（Sexton，1990；Liang et al.，2016；Carletti et al.，2018）、提供就业机会、改善生态环境等方式，有效促进乡村人民生产、生活、生态的发展（周洁红，2018），有利于实现乡村振兴。西方研究表明农民合作社可促进当地的经济增长、就业、基础设施建设、消费模式转变、公共服务提供、地方民主、生活质量改善和环境优化治理（Lorendahl，1996；Ekberg，2012；Kasabov，2016）。部分农民合作社专注于农业环境治理，能促使环境改善与区域经济发展相协调（Franks et al.，2007；Gonzalez，2017）。农民合作社还通过不断与新的粮食供应网络开展密切合作，发展当地农业粮食网络，极大地帮助维持了粮食供应链，促进粮食产业的可持续发展（Ilbery et al.，2005；Ortiz－Miranda et al.，2010；Fonte et al.，2017；Bilewicz et al.，2019）。农民合作社从事有机食品的种植和销售促进了当地经济、生态环境及社会的可持续发展（Fazzi，2011；Bilewicz et al.，2019）。此外，农民合作社还通过为妇女提供更多的就业机会和稳定的收入来加强妇女的权利（Gidarakou，2000）。总之，农民合作社能够加强其成员生产活动与生态环境及社会目标之间的联系（Swagemakers，et al.，2019；Luo et al.，2020），它能将生态产业的发展嵌入乡村发展的过程中，促进乡村生产、生活、生态的协调可持续发展，现有研究中，农民合作社在乡村发展中的作用及重要性的论证已较为充分，但缺乏作用机制的探索，需要加大力度探究农民合作社助力乡村可持续发展的作用机制，并探索有效的发展路径及模式。

（二）模式构建

1. 以各地区的特色生态产业为依托，结合公司、大户等经营主体构建了各种农民合作产业模式　"公司＋合作社＋农户"的经营模式充分发挥农民合作社的中介作用（朋文欢，2018），有效缓解农产品交易过程中分散农户面临的"小农户与大市场"对接的矛盾，增强契约的稳定性，保障农户的利益，从而促进农户就业、增收（曹利群 等，2005）。目前，在我国发展较多的中蜂产业扶贫模式、茶叶观光旅游模式、沙棘产业带动模式、林草产业加工模式、畜牧生态循环产业扶贫模式等，均采用"公司＋村集体＋合作社＋农户"的组织形式，以各地区的特色生态产业为基础，充分利用农民合作社整合多元主体，调动多方资源，发挥村集体的组织优势，发挥公司的收购、加工、销售能力，带动当地特色生态产业的发展（朱琳敏，2017；梁建军，2019；韩雪娇 等，2020）。另外，戴旭宏（2017）提出小规模合作社也是我国的一种高效普遍的合作生产形式，应加大小规模合作社的扶持力度，从合作社运行绩效、产品安全、环境承载、保护和可持续性来进行合作社的考量并提供政策支持。不同组织类型的农民合作模式带动生态产业发展的效果差异显著，其原因主要为不同合作模式对集体行动的组织能力差异巨大，部分合作社能有效规避集体行动困境，充分调动各方资源，组织有利于产业发展的集体行动，提升集团效益（任笔墨 等，2020）。现有的农民合作社产业带动模式，主要是基于当地的特色生态产业，发挥合作社的桥梁作用，使农户与公司、村集体、科研单位等机构联结，更好地与大市场对接，从而带动农户的发展，但相关模式中的农户基本处于附属地位，如何调动合作社中农户的主观能动性，提升其地位，并真正与其他机构形成合力，如何提高农户参与度及受益效果，显著改善农户的生活质量，如何构建使生产、生活、生态协调发展的农民合作社生态产业模式等问题仍需进一步探索。

2. 生态环境治理下的循环产业模式实现了生态治理与产业发展的良性互动 从循环产业的思路出发，部分农民合作社通过流转土地来规模种植果树，以此来消纳生猪粪便（梁安君，2016），既解决了养殖场的粪污排放问题，也解决了果园的施肥问题，实现废物再利用（朱琳敏，2017）。刘兴宜等（2018）在喀斯特石漠化地区规模化种植饲用构树，以农民合作社为载体建立了"构树＋猪＋沼气＋有机肥"的循环产业模式，实现了石漠化生态治理与产业经济的协调发展。刘艳鸿（2018）在喀斯特石漠化地区构建"高校/科研院所＋农民合作社＋农户＋生态养牛"模式，充分考虑了"生态种植-生态养殖-废弃物综合利用"的循环产业思路。魏民（2011）、陈灵伟（2011）通过研究生猪养殖产业，发现高污染是制约生猪产业发展的重要因素，提出构建适应养猪业集约与分散协同的农畜结合生态循环经营机制，并构建了生态养猪循环经济模式。目前，结合产业生态化及生态循环产业补链技术，考虑补链产业的建立，使生态产业形成闭环，构建了农民合作社循环产业模式，但缺乏对不同生态环境地区的考虑，应结合各地生态环境状况、适生物种、产业情况等进一步探索。在生态脆弱地区建立农民合作社优化模式，旨在修复脆弱生态环境的前提下，发展生态产业，实现生态治理与产业经济发展的协调。

（三）技术研发

1. 农民合作社构建全产业链，有助于创造农产品附加值，提高市场竞争力　农民合作社通过种养加一体化、产加销一条龙的形式，以供需关系为纽带使产业的上、中、下游形成关联，形成包含产前、产中、产后各环节的全产业链（张渊媛 等，2014；张延平，2019），有助于解决乡村生态产业的市场化运营问题，有利于建立生态农业管理和推广体系。农民合作社能有效联合农户发展农产品的物流基础设施如仓储、运输、信息支持、资源供应等，并通过初级加工、包装、精加工，不断创造附加值，向终端消费者交付产品（Li et al.，2021）。农民合作社的主体是农户，农户擅长农产品生产，缺乏农产品深加工、品牌打造及销售推广等经验，农民合作社构建全产业链，更容易建立地标产品、建立品牌（Fares et al.，2018）、形成电商化、渠道关系互动化、渠道利益共同化（徐旭初，2015），可以显著提高农户在国内市场的竞争力，并形成进入外部市场的机会（Yevhen et al.，2017）。目前的研究已经充分论证了农民合作社构建全产业链的重要性，但缺乏生态农产品价值提升技术，尤其是把生态附加值转化为商品价值的技术研发。

2. 农民合作社开发绿色生态化技术，将生产废物转化为生产资源　多项研究表明农民合作社对采用绿色生态化技术有积极作用（Abebaw et al.，2013；Zhou et al.，2018；Ma et al.，2018；Ma et al.，2019；Yu et al.，2021）。部分农民合作社考虑绿色生态化因素，尤其是循环产业链的思路，通过开发新能源技术、废物处理技术、农产品品种筛选技术等，使生态产业的发展能实现生产与生态双循环，因此，发展绿色生态产业能有效实现生态环境治理。产业生态化技术主要有废物资源化技术、环境工程技术、清洁生产技术、产业生态化链接技术、无公害高产种植技术、林农产品加工技术等（屠凤娜，2008），如何将这些绿色技术与农民合作社结合，目前已有了初步探索。乌克兰农民通过建立绿色能源合作社来确保能源的供应，以此降低购买能源的成本，并通过出售能源获得收益（Shpykuliak et al.，2019）。农民合作社在喀斯特石漠化生态脆弱地区发展中药材、经果林产业，首先开展物种筛选，筛选用花、用果且多年生的物种，如刺梨、金银花、花椒等，以此减少对土地的扰动，从而兼顾生态环境治理（任笔墨，2015），同时，该地区的花椒产业，充分考虑废弃枝干的再生产，将废弃花椒枝干生产为磨牙棒、洗脚盆等，或用于生物质能。农民合作社发展生猪养殖业要充分考虑粪污再利用，将粪污作为肥料还田，种植果树，形成循环产业链。绿色生态化技术是农民合作社实现绿色产业发展的必经之路，也是实现生态文明建设的现实路径，需加强产业发展中

"分解者"及"生产者"一环的技术研发，使生产废物能更有效地转化为生产资源。

（四）绩效评价

1. 农民合作社带动生态产业发展的绩效主要由行为性绩效与产出性绩效构成 农民合作社的绩效主要评价农民合作社在生态产业生产、供应、销售等过程中的产出性绩效（徐旭初，2009），以及行为性绩效。评价方法包含定性和定量两方面，常用的定量评价方法有结构方程模型分析法、层次分析法、Logistic 模型分析法、Probit 模型分析法、数据包括分析法（DEA）、因子分析法、模糊综合评价法、线性加权法等。例如，韩啸和何枫（2014）运用结构方程模型，探究了农产品供应链的不同运行策略对其绩效的影响；赵佳佳等（2014）构建结构方程模型，系统阐释了农产品供应链中影响组织效率的因素；刘滨等（2016）运用 Logistic 模型，研究了农户的合作意愿与绩效，Marcis（2019）建立可持续绩效评价模型，评价合作社的可持续绩效。有研究表明农民合作社可以通过扩大规模以提升效率（Gezahegn et al.，2019；Pokharel et al.，2019；Musson et al.，2020），这种情况在发达国家较常见。定性方法则主要是基于相关理论构建分析框架，以典型案例为基础，深入剖析农民合作社中，参与度、投资量、组织策略等因素对生态产业发展的作用效果（Benos，2016）。例如，任笔墨等（2020）基于集体行动理论构建分析框架，分析了参与主体、资金投入、股份安排、利益分配方式等因素对合作社产业发展中农户的带动作用。合作社主要由农民组成，农民参与合作社的意愿以及农户的行动对合作社运营有直接影响（Hakelius，2016）。农民合作社带动产业发展的绩效评价研究中，主要是对产、供、销某一阶段的产出性绩效或行为性绩效予以评价，而针对生态投入、生态价值转化率、生态治理效果、生态贡献率等方面的研究鲜见，需予以加强。

2. 农民合作社及生态产业的绩效评价体系主要从运营、产出、影响方面构建 学者们构建指标体系，对农民合作社的绩效进行评价。徐旭初（2009）从社员、组织和社会 3 个层面，建立了包括社员收益、运营活动、组织运行、组织发展和社会影响 5 个二级指标的评价体系；赵佳荣等（2010）、罗颖玲等（2014）从经济、社会、生态三方面综合构建评价指标体系。黄森慰等（2015）基于"三重盈余"理论，从土地、资金、人力、制度和技术 5 个方面构建投入指标体系。并有学者在指标体系中加入了对可持续发展能力（Dessart et al.，2019）、应变能力（冉赤龙 等，2012）、产品质量安全（邱利军 等，2013）、学习与创新能力（陈共荣 等，2014）、理事长素质（许驰 等，2016）等因素。

根据已有评价指标体系及评价结果显示，人力、社会、实物和财务 4 类资本是影响合作社绩效的关键因素，治理模式是衡量合作社绩效的重要维度（Baldassarri，2015）。崔宝玉等（2016）将合作社的绩效分为交易绩效、经济绩效、社员收入绩效和社会绩效，并发现经济绩效和社员收益绩效对合作社的综合绩效影响最大。龙头企业、专业大户和政府分别牵头的合作社中，龙头企业牵头型合作社的生产效率更高（陈江华，2015；张兰月，2019），主要原因是其技术发展较为完善、规模效应更加明显。研究显示，社员参与行为和参与程度有助于提高农民合作社的可持续性（曾以宁 等，2019），理事长作为合作社生产经营的带头人，其素质对合作社生产经营活动具有重要作用（黄祖辉 等，2013）。目前，构建农民合作社绩效评价指标体系主要考虑自身生产效率与综合绩效等内部因素，对他们带动生态产业发展效能的考虑较少，需予以加强。农民合作社在发展生态产业的过程中，生态农产品的价值转化率和农民合作社、生态产业、乡村生态环境三者耦合协调度的研究均较少，因此未来应重点关注生态投入、生态价值、生态产出和生活改善等因素对绩效提升的影响。

四、国内外拟解决的关键科学问题与展望

1. 针对农民合作社驱动生态产业发展内生动力不足的问题，揭示农民合作社驱动乡村生态产业发展的效果提升机制　农民合作社作为载体，能够整合资源，组织农户共同发展生态产业（徐旭初，2018；温铁军，2018；赵晓峰，2018），但目前，农民合作社在驱动生态产业发展中还存在内生动力不足的问题，缺乏对农民合作社驱动生态产业发展效果提升机制的探讨。农民合作社通过拓展销售渠道、发挥规模经营优势提高其市场竞争力，并通过联合异质成员，反映农民诉求、参与公共政策制定等方式发挥作用，为了使农民合作社更好的驱动生态产业的发展，农民合作社促进生态产业发展的效果提升机制迫切需要探索。

2. 针对喀斯特石漠化生态脆弱地区环境治理和产业经济协同发展的迫切需求，开展合作社模式优化、生态产业振兴、石漠化治理耦合机制研究　将石漠化治理、生态产业振兴、合作社模式优化三者有机结合（刘艳鸿，2018），形成相互促进的闭环，探索三者的相互影响及耦合协调机制，为实现三者的耦合协调发展提供理论支持。通过分析不同石漠化环境地区农民合作社及生态产业发展的状况，考虑驱动生态产业发展的动力及条件，基于农民合作社驱动生态产业发展机制的探索，揭示石漠化脆弱生态环境地区中农民合作社驱动生态产业发展的驱动机制，为解决喀斯特石漠化生态脆弱地区环境治理和产业经济

协同发展的实际问题提供科学依据。

3. 针对农民合作社农产品附加值提升的问题，需着力研发农产品价值提升技术，尤其是生态附加值向商品价值转化的技术 目前，农民合作社带动的乡村生态产业发展粗放，生态农产品以初级加工为主，技术含量低，附加值低，产品结构单一，生态附加值未能有效转化为商品价值，严重影响农民合作社农产品销售价格和市场竞争力。因此，农民合作社需研发产品价值提升技术，延长产业链（朱琳敏，2017），对生态农产品进行精深加工，提升产品附加值，实现产品升级，尤其是生态脆弱地区的生态农产品，其生产过程在生态治理过程中发挥了重要作用，更需探索其生态附加值向商品价值转化的路径，建立生态品牌，提升生态价值转化率。同时，针对农民合作社农产品储藏、冷链物流等技术问题，也需着力提高生态产品储藏、冷链物流等系列技术（刘艳鸿，2018）。

4. 针对生态循环产业链的问题，需重点加强生态循环产业链中"分解者"和"生产者"一环的技术研发，使生产废物有效转化为生产资源 现有研究中，已经充分论证了发展循环产业链的重要性（梁安君，2016；朱琳敏，2017；刘兴宜 等，2018），但仍然缺乏生态产业的废弃物向生产资源的转化技术，生态产业系统缺乏"分解者"和"生产者"，因此，需加强"分解者"和"生产者"一环的重点研发，使生产废物能够有效转化为可用资源，废弃物在生态产业发展中得以消化，减少废弃物的排放，甚至实现零排放，最终形成一个闭合的生态循环产业链。

5. 为实现乡村地区生产、生活、生态耦合协调发展的目标，构建农民合作社驱动生态生产发展模式 现有的农民合作生产模式主要为两类，一类是发挥农民合作社的桥梁作用，与公司、村集体、科研单位联合形成的横向联合（朋文欢，2018；曹利群 等，2005）；另一类是构建生态循环产业链，形成的纵向产业模式（刘兴宜 等，2018）。两类农民合作生产模式各有优势，但都存在不足，为了在修复脆弱生态环境的前提下，发展生态产业，并有效带动农户生活质量的提高，促进生产、生活、生态耦合协调发展，需要探究农民合作社改善生态环境的机制以及提高生活质量的作用过程，并根据不同地区的社会、经济、生态环境特征，针对性地构建促使生产、生活、生态耦合协调发展的农民合作社驱动生态产业发展模式。

6. 完善绩效评价体系，将生态价值转化率，生产、生活、生态的耦合协调度等指标纳入绩效评价体系 目前的农民合作社绩效评价指标体系，主要考虑行为性绩效与产出性绩效（徐旭初，2009），主要是基于经济效果和对农户影响两方面的考虑，对农民合作社带动生态产业发展的效果，尤其是其生态治理效果鲜少研究，需予以加强。农民合作社在发展生态产业的过程中，生态农产品的价值转化率以及农民合作社、生态产业、乡村生态环境3者耦合协调度等因素均应纳入评价指标体系。尤其是在喀斯特石漠化等脆弱生态环境地区，绩效评价体系应充分考虑生态贡献，并根据相应的环境，针对性地设置评价指标，例如集水灌溉面积、植被覆盖度等。

7. 针对生态环境脆弱地区的生态产业与合作社发展问题，增强对生态环境脆弱地区尤其是喀斯特石漠化地区的实证研究，探索喀斯特石漠化治理中农民合作社驱动生态产业发展模式　目前，针对喀斯特石漠化等脆弱生态环境地区开展的农民合作社及生态产业实证研究还较为鲜见（刘艳鸿，2018；刘兴宜等，2018）。喀斯特石漠化等生态环境脆弱地区通常也伴随着社会经济发展滞后等问题，该类地区是实现生态文明建设与乡村生态产业振兴的重难点区域，也是拓展人地协调理论研究需重点关注的区域。基于此，在喀斯特石漠化治理区建立农民合作社生态产业驱动模式成为需重点探索的问题。在修复石漠化脆弱生态环境的前提下，发展生态产业，实现生态治理与产业经济的协调可持续发展。从地理学视角出发，以人地协调可持续发展理论为导向，将石漠化治理、农民合作社建设、生态产业发展三者协同考虑，结合喀斯特石漠化环境、各地区适宜发展的生态产业类型、关键影响因素等，构建石漠化地区农民合作社驱动生态产业发展模式。

第二章

研究设计

根据国内外农民合作社与生态产业研究已取得的进展，紧扣石漠化治理中农民合作社与生态产业拟解决的关键科学问题，重点围绕石漠化治理中农民合作社驱动生态产业发展的作用机制、影响因素、驱动机制、模式构建、技术研发、应用示范与适宜性推广等内容进行一体化部署、全链条设计、分模块推进的系统研究。从研究目标与内容、技术路线与方法、研究区概况、数据获取与可信度分析等方面开展研究设计。

第一节　研究目标与内容

一、研究目标

根据喀斯特石漠化治理中农民合作社对生态产业的驱动能力不足、现有农民合作社带动生态产业发展效率不高的地区性问题，针对喀斯特石漠化治理与产业经济如何实现协同发展的问题，石漠化环境地区的农民合作社如何驱动生态产业发展的国际前沿科学问题，结合农民合作社助力乡村生态产业振兴的国家科技需求，通过阐明农民合作社实现生态产业发展的过程及作用机制，揭示农民合作社实现生态产业发展的效果提升机制，突破石漠化地区实现乡村生态产业振兴的瓶颈，构建农民合作社驱动生态产业发展的模式及技术体系并进行验证推广，为国家石漠化治理工程区域践行"两山理论"，巩固拓展脱贫攻坚成果，助力乡村振兴提供科学依据。

二、研究内容

1. 石漠化治理中农民合作社实现生态产业发展的过程及作用机制研究
基于行动者网络理论，在三个研究区各自选取一个农民合作社驱动生态产业成功发展的典型案例，阐明农民合作社驱动生态产业发展的过程，分析各个行动者在该过程中扮演的角色，并揭示其作用机制。

2. 石漠化治理中农民合作社驱动生态产业发展的效果提升机制研究　第一，基于"三重底线"理论建立绩效评价模型，对研究区选取的案例合作社的经济、社会、生态方面的综合绩效进行评价，分析影响其绩效差异的原因；第二，基于资源依赖理论建立影响因素评价模型，探究农民合作社驱动生态产业发展的影响因素，应用二元 Probit 模型，对农民合作社驱动生态产业发展的关键因素进行科学识别，并阐明不同资源组合因素对农民合作社驱动生态产业发展的影响。根据绩效评价结果与驱动生态发展影响因素的综合考量，提出农民合作社有效驱动生态产业发展的效果提升机制。

3. 石漠化治理中农民合作社驱动生态产业发展的模式研究　以人地协调发展理论作为指导思想，基于驱动效果提升机制及影响因素的研究结果，分析三个研究区自然地理环境、石漠化程度、人文社会经济因素等情况，根据模式构建的理论参数，明确模式构建的边界条件，构建不同石漠化环境地区农民合作社驱动生态产业发展模式，提出配套的技术体系，并对不同石漠化环境地区所建模式的结构与功能进行对比分析。

4. 石漠化治理中农民合作社驱动生态产业发展模式应用示范与验证推广　在石漠化综合治理示范区建立合作社驱动生态产业发展模式示范点，对构建模式及技术进行示范及效果验证。然后，建立推广适宜性评价指标体系，利用 GIS 空间叠加分析法，将构建的模式在中国南方喀斯特八个省份进行推广适宜性分析，确定适宜推广区域。

三、研究特点、科技难点及创新点

1. 研究特点　结合石漠化治理区产业发展的实际需求，以合作社驱动生态产业发展的机制为切入点，研究关键技术体系，并构建符合喀斯特石漠化区域特点的农民合作社驱动生态产业发展模式。通过示范效果反馈，运用空间可行性分析将模式推广到其他喀斯特相似区域，进而形成全链条的研究，为石漠化治理中农民合作社驱动生态产业发展提供科技支撑，能够有效巩固脱贫成效，助力乡村生态产业振兴。

2. 科技难点　从人类视角和非人类视角共同揭示农民合作社对乡村生态产业的驱动机制，构建喀斯特石漠化地区农民合作社驱动生态产业发展的影响因素评价模型，全面构建石漠化治理中农民合作社驱动生态产业发展的模式与技术体系。

3. 创新点

（1）本研究率先构建了石漠化治理中农民合作社驱动生态产业发展模式，突破学界侧重于关注参与主体的模式构建方式，从地理学视角出发，以人地协调可持续发展为导向，将石漠化治理、农民合作社建设、生态产业发展三者协同考虑，结合喀斯特石漠化环境、各地区适宜发展的生态产业类型、关键影响因素等，构建了产业经济发展与石漠化生态治理"双赢"的驱动模式。

（2）本研究率先引入行动者网络理论揭示农民合作社驱动生态产业发展的过程及作用机制，将人类行动者与非人类行动者对等看待，突破了传统仅考虑人类行动者的研究方式，突出了喀斯特石漠化环境等非人类行动者在驱动生态产业发展中的能动作用，为产业驱动机制的研究提供了独特视角，更加立体化地呈现了农民合作社实现生态产业发展的作用机制。

第二节　技术路线与研究方法

一、技术路线

在代表中国南方喀斯特生态环境整体结构的贵州省，分别选择毕节撒拉溪、关岭-贞丰花江、施秉喀斯特三个研究区。在2018—2022年，对三个研究区涉及的共计143个农民合作社及其产业发展情况进行统计调查，并选取8个案例合作社开展系统访谈，基于行动者网络理论、集体行动理论、三重盈余理论、资源禀赋理论，通过行动者网络分析法、二元Probit回归分析法、熵权法、层次分析法、GIS空间分析法等，揭示农民合作社驱动生态产业发展的作用过程及机制，阐明农民合作社促进生态产业发展的影响因素及效果提升机制，提出石漠化治理中农民合作社驱动生态产业发展模式并进行应用示范与验证推广（图2-1）。

二、研究方法

1. 采用行动者网络理论分析法阐述农民合作社驱动生态产业发展的过程及作用机制　农民合作社实现生态产业发展的作用机制采用行动者网络理论（Actor Network Theory，简称ANT）进行案例分析，将合作社涉及的行为主体看作是行动者，将合作社的运作过程看作一个行动网络，能够清晰阐述农民合作社实现生态产业发展的过程，在不同喀斯特石漠化环境地区选取典型案例开展深入剖析，以期从微观层面阐述农民合作社实现生态产业发展的驱动过程及作用机制。行动者网络理论中最重要的三个概念包括行动者（Actor）、异质性网络（Heterogeneous Net-work）以及转译（Translation）（Callon，1986）。在这几个概念中，最核心的是转译，因而也将行动者网络理论称为转译社会学。转译主要包括"问题呈现""利益赋予""征召与动员""形成网络联盟"几个环节（图2-2），由于各个网络实际情况的差异，一些网络可能会

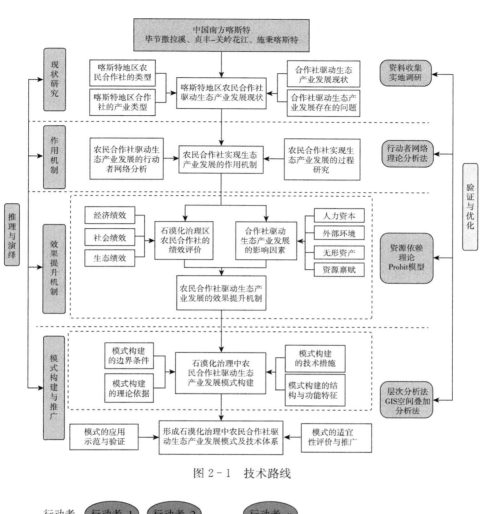

图 2-1 技术路线

图 2-2 行动者网络理论分析过程

出现"异议"环节。行动者网络理论分析法为农民合作社实现生态产业发展过程中多元主体之间的互动提供了分析视角（Callon，1986），本研究通过转译过程阐释研究区农民合作社实现生态产业发展的过程及作用机制。

2. 基于熵权法构建农民合作社的综合绩效评价模型 利用 Python 编写代码计算案例合作社的综合效益、经济绩效、生态绩效、社会绩效，具体计算步骤如下。

第一步，对原始数据进行无量纲化处理，本文采用极差标准化方法，计算公式为：

$$X'_{ij} = \frac{X_{ij} - \min X._j}{\max X._j - \min X._j}, \quad (i=1, 2, \cdots, m, \ j=1, 2, \cdots, n)$$

$$(2-1)$$

其中，X_{ij} 表示原始数据，它是一个二维矩阵，其行数 m 为样本个数，列数 n 为指标数；X'_{ij} 表示极差标准化处理后的数据。$\min X._j$ 表示对原始数据的第 j 项指标求最小值，$\max X._j$ 则是对原始数据的第 j 指标求最大值。

第二步，计算第 j 个指标中各个样本 i 所占的比重 P_{ij}，计算公式为：

$$P_{ij} = \frac{X'_{ij}}{\sum_{i=1}^{m} X'_{ij}} \qquad (2-2)$$

第三步，计算各项指标的信息熵：

$$E_j = \frac{-1}{\ln m} \sum_{i=1}^{m} P_{ij} \ln P_{ij} \qquad (2-3)$$

第四步，计算每项指标的权重值 W_j：

$$W_j = \frac{1 - E_j}{\sum_{j=1}^{n} (1 - E_j)} \qquad (2-4)$$

第五步，将各项指标的权重 W_j 与极差标准化处理后的数据 X'_{ij} 对应相乘并求和即可得到各合作社的综合绩效值：

$$B_i = \sum_{j=1}^{n} (W_j * X'_{ij}) \qquad (2-5)$$

Python 计算各因子权重及绩效的代码如下：

```
fromnumpy import *
fromsklearn. preprocessing import MinMaxScaler
import copy
D=np. array([[5,47,13,79,38,52],[20,23.4,220,350,20,30.4],[50,3,
```

45,60,3.1,15],[30,1.3,23,30,1.2,9.8],[60 000,150,17 692,3 797,315,1 884.6],[50,3,45,60,3.1,15],[0,2,9.5,10,8],[15,22,14,19,16,21],[45,1.2,42.3,60,3.1,15],[0,0,0,0,0,1],[4,5,6,76,35,50],[5,6,5,4,8,6],[60,16,14,5,0,0],[0,30,90,30,30,70],[1,1.5,1,1,1,1.5],[40,0,0,0,0,0],[0,0,0,0.1,0,0]],dtype=np.float32)

```
    D_new=D.transpose((1,0))
    P=MinMaxScaler().fit_transform(D_new)
    C=P/(np.sum(P,axis=0))
    C_copy=copy.copy(C)
    for i in range((C_copy.shape[0])):
        for j in range((C_copy.shape[1])):
            if C_copy[i,j]==0:
            C_copy[i,j]=1e-2


    log_sum=C*log(C_copy)
    log_sum_new=np.sum(log_sum,axis=0)
    K=-1/(log(D_new.shape[0]))
    E=K*log_sum_new
    D=1-E
    W=D/np.sum(D)
    Com_performance=np.sum(P*W,axis=1)    ＃ 评价级指标权重
    '''经济绩效'''
    eco_weight=np.sum(W[:6])    ＃经济指标总权重
    eco_performance=np.sum(P[:,:6]*W[:6],axis=1)    ＃每个合作社经
济绩效
    eco_perf_capable=(eco_performance[0]+eco_performance[2])/2    ＃能
人领办型合作社经济绩效
    eco_perf_village=(eco_performance[1]+eco_performance[4]+eco_per-
formance[5])/3    ＃ 村集体带动型合作社经济绩效
    eco_perf_company=eco_performance[3]    ＃ 企业引领型合作社经济绩效
    '''社会绩效'''
    social_weight=np.sum(W[6:13])    ＃社会指标总权重
    social_performance=np.sum(P[:,6:13]*W[6:13],axis=1)    ＃ 每个合
```

作社社会绩效

social_perf_capable＝(social_performance[0]＋social_performance[2])/2　♯能人领办型合作社社会绩效

social_perf_village＝(social_performance[1]＋social_performance[4]＋social_performance[5])/3　♯村集体带动型合作社社会绩效

social_perf_company＝social_performance[3]　♯企业引领型合作社社会绩效

"'生态绩效'"

ecological_weight＝np. sum(W[13:])　♯生态指标总权重

ecological_performance＝np. sum(P[:,13:] ＊ W[13:],axis＝1)　♯各合作社生态绩效

ecological_perf_capable＝(ecological_performance[0]＋ecological_performance[2])/2　♯能人领办型合作社生态绩效

ecological_perf_village＝(ecological_performance[1]＋ecological_performance[4]＋ecological_performance[5])/3　♯村集体带动型合作社生态绩效

ecological_perf_company＝ecological_performance[3]　♯企业引领型合作社生态绩效

3. 采用二元 Probit 模型分析合作社实现生态产业驱动的核心影响因素

本文以农民合作社"是否实现生态产业发展"作为因变量，由于该决策行为可描述为"实现"和"未实现"，因此选取的因变量为二值选项离散变量。利用二元 Probit 模型对农民合作社驱动生态产业发展的影响因素进行分析，以求客观、准确地揭示农民合作社驱动生态产业发展各要素的作用方向及影响程度。设不可观测的潜变量 y 与解释变量 X 之间的关系可表示为：

$$y＝\alpha X＋\varepsilon \tag{2-6}$$

其中，α 为系数，ε 为扰动。被解释变量 y^* 只能取二值 0 和 1，且满足

$$P(y^*＝1|X)＝P(y＞0|X) \tag{2-7}$$

当扰动 ε 服从标准正态分布，即 $\varepsilon \sim N(0, 1)$，则称公式（2-7）为 Probit 模型。由 ε 的分布可知，$y＝\alpha X＋\varepsilon \sim N(\alpha X＋\varepsilon, 1)$。故有：

$$
\begin{aligned}
P(y^*＝1)＝P(y＞0)&＝1-P(\alpha X＋\varepsilon＜0)\\
&＝1-P\left(\frac{\alpha X＋\varepsilon-\alpha X}{1}＜\frac{0-\alpha X}{1}\right)\\
&＝1-\Phi(-\alpha X)＝\Phi(\alpha X)\\
&＝\int_{-\infty}^{\alpha X}\frac{1}{\sqrt{2\pi}}e^{-\frac{x^2}{2}}dx
\end{aligned} \tag{2-8}
$$

其中，$\Phi(x)$ 为标准正态分布的分布函数。反之有：

$$P(y^* = 0) = P(y < 0) = 1 - \Phi(aX)$$

$$= \int_{aX}^{+\infty} \frac{1}{\sqrt{2\pi}} e^{-\frac{x^2}{2}} dx \qquad (2-9)$$

本文分析中 $P(y^* = 1)$ 表示农民合作社实现生态产业发展的概率，$P(y^* = 0)$ 表示农民合作社未实现生态产业发展的概率。

4. 利用 AHP 层次分析法确定模式推广的适宜性影响因子权重 采用专家调查法并结合层次分析法确定模式推广的各个适宜性影响因子权重。根据评价框架的层次结构，按照指标分级赋值表，通过发放专家调查表，确定各层指标单权重，然后，通过各层单权重计算每个因子的权重。

（1）构造判断矩阵。

$$\boldsymbol{A} = \begin{pmatrix} a_{11} & a_{12} & \cdots & a_{1n} \\ a_{21} & a_{22} & \cdots & a_{2n} \\ \vdots & \vdots & \ddots & \vdots \\ a_{n1} & a_{n1} & \cdots & a_{nn} \end{pmatrix} \qquad (2-10)$$

其中，a_{ij} 表示指标 i 相对指标 j 的重要程度，满足 $a_{ij} > 0$，且 $a_{ij} = \dfrac{1}{a_{ji}}$

（2）求矩阵 $\boldsymbol{A}$ 的特征向量和最大特征值（采用和法计算）。

第一步，按列求和并将列向量归一化：

$$\boldsymbol{A} = \begin{pmatrix} a_{11} & a_{12} & \cdots & a_{1n} \\ a_{21} & a_{22} & \cdots & a_{2n} \\ \vdots & \vdots & \ddots & \vdots \\ a_{n1} & a_{n1} & \cdots & a_{nn} \end{pmatrix} \xrightarrow{\text{求列和并列归一化}} \begin{pmatrix} \dfrac{a_{11}}{\sum\limits_{i=1}^{n} a_{i1}} & \dfrac{a_{12}}{\sum\limits_{i=1}^{n} a_{i2}} & \cdots & \dfrac{a_{1n}}{\sum\limits_{i=1}^{n} a_{in}} \\ \dfrac{a_{21}}{\sum\limits_{i=1}^{n} a_{i1}} & \dfrac{a_{22}}{\sum\limits_{i=1}^{n} a_{i2}} & \cdots & \dfrac{a_{2n}}{\sum\limits_{i=1}^{n} a_{in}} \\ \vdots & \vdots & \ddots & \vdots \\ \dfrac{a_{n1}}{\sum\limits_{i=1}^{n} a_{i1}} & \dfrac{a_{n1}}{\sum\limits_{i=1}^{n} a_{i2}} & \cdots & \dfrac{a_{nn}}{\sum\limits_{i=1}^{n} a_{in}} \end{pmatrix}$$

$$(2-11)$$

第二步，求行向量的和：

$$\begin{pmatrix} \dfrac{a_{11}}{\sum\limits_{i=1}^{n} a_{i1}} & \dfrac{a_{12}}{\sum\limits_{i=1}^{n} a_{i2}} & \cdots & \dfrac{a_{1n}}{\sum\limits_{i=1}^{n} a_{in}} \\ \dfrac{a_{21}}{\sum\limits_{i=1}^{n} a_{i1}} & \dfrac{a_{22}}{\sum\limits_{i=1}^{n} a_{i2}} & \cdots & \dfrac{a_{2n}}{\sum\limits_{i=1}^{n} a_{in}} \\ \vdots & \vdots & \ddots & \vdots \\ \dfrac{a_{n1}}{\sum\limits_{i=1}^{n} a_{i1}} & \dfrac{a_{n1}}{\sum\limits_{i=1}^{n} a_{i2}} & \cdots & \dfrac{a_{nn}}{\sum\limits_{i=1}^{n} a_{in}} \end{pmatrix} \xrightarrow{\text{按行求和}} \begin{pmatrix} \sum\limits_{j=1}^{n} \dfrac{a_{1j}}{\sum\limits_{i=1}^{n} a_{ij}} \\ \sum\limits_{j=1}^{n} \dfrac{a_{2j}}{\sum\limits_{i=1}^{n} a_{ij}} \\ \vdots \\ \sum\limits_{j=1}^{n} \dfrac{a_{nj}}{\sum\limits_{i=1}^{n} a_{ij}} \end{pmatrix} \xrightarrow{\text{记为}} \begin{pmatrix} b_{11} \\ b_{21} \\ \vdots \\ b_{n1} \end{pmatrix}$$

$$(2-12)$$

第三步，归一化得到特征向量 $\boldsymbol{\omega}$：

$$\boldsymbol{\omega} = \left(\dfrac{b_{11}}{\sum\limits_{i=1}^{n} b_{i1}} \quad \dfrac{b_{21}}{\sum\limits_{i=1}^{n} b_{i1}} \quad \cdots \quad \dfrac{b_{n1}}{\sum\limits_{i=1}^{n} b_{i1}} \right)^{T} \xrightarrow{\text{记为}} (\omega_{11} \quad \omega_{21} \quad \cdots \quad \omega_{n1})^{T}$$

$$(2-13)$$

第四步，由特征值、特征向量的定义 $\boldsymbol{A\omega} = \lambda\boldsymbol{\omega}$ 计算最大特征值 λ：

$$\lambda = \dfrac{1}{n} \left(\dfrac{\sum\limits_{i=1}^{n} a_{1i}\boldsymbol{\omega}_{i1}}{\boldsymbol{\omega}_{11}} + \dfrac{\sum\limits_{i=1}^{n} a_{2i}\boldsymbol{\omega}_{i1}}{\boldsymbol{\omega}_{21}} + \cdots + \dfrac{\sum\limits_{i=1}^{n} a_{ni}\boldsymbol{\omega}_{i1}}{\boldsymbol{\omega}_{n1}} \right) = \dfrac{1}{n} \sum\limits_{j=1}^{n} \dfrac{\sum\limits_{i=1}^{n} a_{ji}\boldsymbol{\omega}_{i1}}{\boldsymbol{\omega}_{j1}}$$

$$(2-14)$$

（3）进行一致性检验。

$$CR = \dfrac{CI}{RI} \qquad\qquad (2-15)$$

其中，$CI = \dfrac{\lambda - n}{n - 1}$；$RI$ 为随机一致性指标，用于衡量随机因素所造成的一致性偏离，该值与矩阵 $\boldsymbol{A}$ 的阶数相关，具体可通过查表获得。最终，当 $CR < 0.1$ 时，则认为判断矩阵的一致性是可以接受的，否则需要进一步修改。

5. 通过 GIS 空间叠加分析法确定模式的适宜推广区域 根据各示范区模式适宜性评价指标分值表确定不同属性的赋值，生成各示范区评价指标适宜性专题分级图，统一将各专题图转换为 1 000 m×1 000 m 单元格栅格格数据，采用下列公式计算各栅格适宜性指数，根据适宜性指数归类到相应的适宜性等级，得到适宜性等级评价图和面积。

$$SS_j = \sum_{i=1}^{10} C(i, j)W_i \qquad (2-16)$$

式中，SS_j为j单元格适宜性综合指数；$C(i, j)$为单元格j第i个指标分值，W_i为第i个指标的影响权重。

第三节 研究区选择与代表性

一、研究区选择的依据和原则

我国的喀斯特面积超过$1.24\times10^6\,\mathrm{km^2}$，约占土地总面积的$13\%$，其中以贵州高原为中心的南方喀斯特出露面积为$5.5\times10^5\,\mathrm{km^2}$（宋淑珍，2019；池永宽，2019）。喀斯特环境是全球典型的生态脆弱区，极易受到破坏，随着我国喀斯特地区人口增多，该区承受了超负荷的人类活动，人地矛盾更加突出，生态系统退化，水土流失加剧，出现了严重的石漠化现象，制约该地区的社会经济可持续发展（熊康宁 等，2015）。本文选取的三个研究区分别位于贵州高原西北部、西南部以及东南部，喀斯特地貌发育广泛且典型（熊康宁 等，2011），在贵州乃至全国的石漠化类型区均具有代表性，满足以下原则：

（1）典型性。三个研究区均为国家石漠化综合治理区，包含了无-潜在石漠化、轻度-中度石漠化、中度-强度石漠化等所有石漠化等级，具有石漠化地区农民合作社的各种类型，具备一定的生态产业基础，能够在该区域选取到农民合作社驱动生态产业发展的典型案例。毕节撒拉溪研究区为喀斯特高原山地潜在-轻度石漠化区，土层较厚但土壤肥力不高，该地区缺水严重，土地难以满足当地百姓需求，人地矛盾突出（刘艳鸿，2018）；关岭-贞丰花江研究区属于喀斯特高原峡谷中-强度石漠化区，岩石裸露率高，土被覆盖不连续，耐旱保水性差，代表了全国石漠化等级最严重的区域，人地关系紧张（刘艳鸿，2018）。施秉示范区为白云岩喀斯特无-潜在石漠化区，为典型的白云岩喀斯特地貌，是中国南方喀斯特世界遗产的组成部分，该区保护与发展的矛盾突出。三个示范区均具备喀斯特石漠化治理区的典型特征，满足典型性原则。

（2）代表性。研究区经济现状和社会现状具备喀斯特石漠化区域的基本特征，研究区的农业产业发展受喀斯特石漠化区域条件的影响较大，研究区农民合作社与生态产业的发展情况具备喀斯特石漠化地区的典型特征，三个研究区分别代表不同喀斯特石漠化环境地区的合作社与生态产业的发展情况，因此具备探索石漠化环境地区农民合作社驱动生态产业发展的代表性。

（3）可行性。三个研究区均为国家石漠化综合治理区，具备农民合作社及生态产业的实践及研究基础。毕节撒拉溪示范区为 2011 年国家"十二五"科技支撑计划项目时期建设，重点研究了石漠化治理中的混农林业与草地生态畜牧业产业发展模式及技术体系，并取得了阶段性成果（张俞，2020）。花江示范区为"九五"科技攻关时期建立，自建立以来，花江示范区开展了长达二十多年的石漠化治理与产业发展探索研究，取得了丰硕的科研成果。施秉示范区从 2012 年起开始实施世界遗产申报和社区经济发展研究工作，并于 2016 年国家"十三五"重点研发项目时期确定为国家石漠化综合治理区，积累了自然、社会、经济研究基础。三个示范区均积累了丰富的经验与调研数据，具备开展本研究的可行性。

（4）示范性。本文选取的研究示范区分别布设在贵州省的不同方位，并且三个研究区均为国家石漠化治理工程项目区，是石漠化治理的样板地区，示范效应广泛，不仅能够为喀斯特地区提供示范价值，同时能对非喀斯特地区提供借鉴参考。示范点设在研究区交通相对方便的区域，有利于当地百姓观摩学习。

基于以上分析，在代表中国南方喀斯特生态环境整体结构的贵州高原，结合国家"十三五"石漠化综合治理重点研发项目，选取贵州"毕节撒拉溪喀斯特高原山地潜在-轻度石漠化综合治理研究区""关岭-贞丰花江喀斯特高原峡谷中-强度石漠化综合治理研究区""施秉喀斯特高原槽谷无-潜在石漠化综合治理研究区"作为典型研究示范区。

二、研究区基本特征与代表性论证

（一）毕节撒拉溪研究区

毕节撒拉溪研究区地处贵州省西北部毕节市七星关区撒拉溪镇和野角乡境内（东经 $105°02'01''—105°08'09''$，北纬 $27°11'36''—27°16'51''$），涉及撒拉溪镇的冲锋村、撒拉溪村、朝营村、永丰村、龙凤村、沙乐村、水营村、钟山村及野角乡的茅坪村 9 个行政村 52 个村民组。该区为喀斯特高原山地潜在-轻度石漠化区，处于六冲河上游，总面积约 86.27km^2，其中喀斯特面积占示范区总面积的 73.94%（池永宽，2019）。研究区为亚热带温凉春干夏湿气候类型，年平均气温为 12℃，平均年降水量为 984.40mm，海拔 1 495～2 200m，相对高差 705m（张俞，2019）。撒拉溪示范区地貌类型多样，地形破碎，坝地台地少，坡地较多（宋淑珍，2019），土壤主要为黄壤，土层较厚，但肥力低，该区主要为旱地，水田极少。区内峰丛、洼地、漏斗、暗河、落水洞等正负地形发育广泛。

毕节撒拉溪研究区主要为潜在-轻度石漠化等级地区，随着石漠化治理工程的实施，石漠化面积逐渐减少，程度逐渐降低（表 2-1），2010—2020 年间，该区的石漠化面积减少 13.77km²，石漠化面积占研究区总面积的比例从 2010 年的 39.7% 下降至 2020 年的 23.8%（陈起伟，2021）。

表 2-1 示范区 2010—2020 年石漠化面积变化（陈起伟，2021）

单位：km²

类型	毕节示范区			关岭-贞丰示范区			施秉示范区		
	2010 年	2015 年	2020 年	2010 年	2015 年	2020 年	2010 年	2015 年	2020 年
无石漠化	18.43	27.79	31.60	8.56	11.01	12.96	113.29	137.89	149.94
潜在石漠化	11.50	14.05	12.09	9.04	7.25	6.86	101.42	86.08	91.26
轻度石漠化	24.87	15.22	13.81	14.91	14.81	13.94	31.26	25.30	10.37
中度石漠化	8.42	6.50	6.06	6.60	6.52	6.20	5.60	2.31	0.03
强度石漠化	0.96	0.62	0.61	6.28	5.79	5.42	0.18	0.18	0.16
非喀斯特	22.09	22.09	22.09	6.23	6.23	6.23	31.19	31.19	31.19
石漠化面积	45.75	36.39	32.57	36.83	34.37	32.42	138.46	113.87	101.82

根据研究区近年来的社会经济调查数据（陈起伟，2021），撒拉溪研究区总人口为 32 352 人，人口密度为 375 人/km²，劳动力人口为 16 092 人，占总人口的 49.74%，56.2% 的劳动力从事种植业和养殖业，42.2% 的劳动力外出务工，1.6% 从事其他产业（陈起伟，2021）。示范区总户数为 8 561 户，户均 4.31 人，2017 年家庭人均纯收入为 5 680 元，务工收入占家庭总收入的 53.72%（陈起伟，2021）。示范区农户受教育程度低，文盲、半文盲占 8.56%，小学及以下文化占 30.03%，初中文化占 65.9%，高中及以上仅占 4.07%。区内耕地以旱地为主，水田面积极少，人均旱地面积为 0.54 亩*。

由于该区人口密度大，可利用土地资源有限，传统农作物以玉米、马铃薯为主，单位面积产值低，经济基础薄弱，规模化生态产业鲜见。另外，由于自然资源禀赋差，百姓文化水平偏低，研究区发展的生态产业类型少，以初级农产品为主，农民合作社数量少。通过对毕节撒拉溪研究区涉及的所有农民合作社进行统计，并根据合作社位置分布、组织类型、经营产业、理事长文化程度、合作社成员数量、合作社成立时间以及各村合作社数量绘制图 2-3 至图 2-8，并阐述了研究区农民合作社及其生态产业的特征。

---

* 亩为非法定计量单位，1 亩＝1/15 公顷。

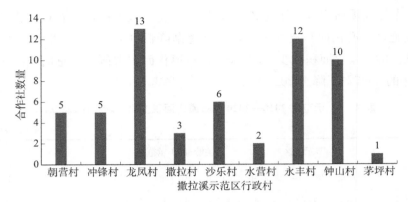

图 2-3 毕节撒拉溪研究区各村农民合作社的数量分布

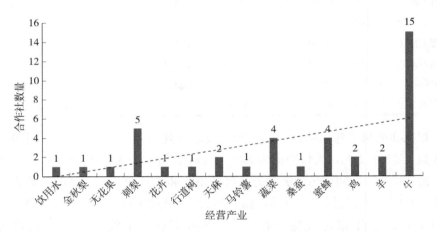

图 2-4 毕节撒拉溪研究区农民合作社不同产业类型数量分布

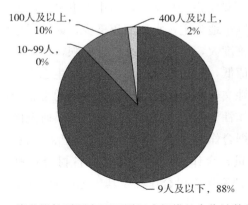

图 2-5 毕节撒拉溪研究区不同组成规模的合作社数量分布

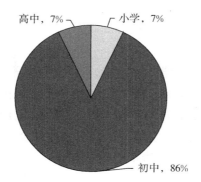

图 2-6 毕节撒拉溪研究区农民合作社理事长文化程度数量分布

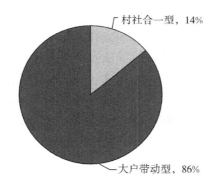

图 2-7 毕节撒拉溪研究区农民合作社不同组织形式数量分布

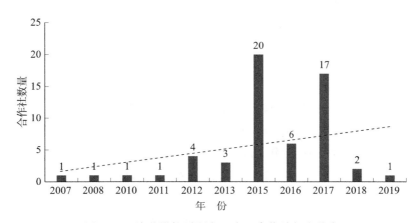

图 2-8 毕节撒拉溪研究区农民合作社年度分布

第一，撒拉溪研究区共计 57 个农民合作社，主要分布在研究区南部交通便利、经济发展良好的区域，合作社在示范区的 9 个村均有分布，其中分布最多的为龙凤村，有 13 个，其次为永丰村 12 个（图 2-3）。合作社在各村的分布主要以村委会为中心散布在各村人口聚集、土地相对平坦、适宜规模化发展产业的区域。

第二，该示范区合作社涉及的生态产业有生态养牛、生态养羊、林下养鸡、蜜蜂养殖、桑蚕养殖、蔬菜种植、刺梨种植、无花果种植、金秋梨种植、马铃薯种植、天麻种植、行道树栽培、花卉培植、饮用水生产等（图 2-4）。该区海拔较高、雨量不充足，适宜发展的种植业较少，种植类合作社以刺梨种植为主。同时，该区的生态环境适合牧草生长，研究区有长期的畜牧养殖传统，因此大多数合作社利用畜牧养殖优势，发展了肉牛养殖产业。

第三，毕节撒拉溪研究区农民合作社规模总体不大，9 人及以下的小规模合作社占 88%，10 人至 99 人的中小规模合作社为 0 个，100～399 人的中等规模合作社占 10%，400 人以上的大规模合作社仅 1 个，占总数 2%（图 2-5）。该区合作社理事长的文化程度偏低，7% 为小学文化，86% 为初中文化，高中及以上文化程度的理事长仅占 7%（图 2-6）。示范区合作社的组织类型以能人领办型为主，占 86%（图 2-7），其余 14% 为村集体带动型，并显示出村集体带动型合作社规模较大，理事长文化程度较高的特点。

第四，撒拉溪示范区于 2007 年开始出现农民合作社，连续 5 年增长速度极慢，每年成立 0 个或 1 个，2015 年在国家政策的鼓励下，农民合作社大量涌现，2015 年该示范区新增了 20 个合作社，并且 2016 年、2017 年新增合作社数量均较多，2018 年新增合作社数量显著减少（图 2-8）。

（二）关岭-贞丰花江研究区

关岭-贞丰花江研究区地处贵州省西南部关岭布依族苗族自治县与贞丰县交界的北盘江峡谷花江段（东经 $105°36'30''$—$105°46'30''$、北纬 $25°39'13''$—$25°41'00''$），涉及关岭县花江镇的坝山村、峡谷村、木工村、五里村以及贞丰县北盘江镇的查耳岩村、银洞湾村 6 个行政村。该区为喀斯特高原峡谷中度-强度石漠化区，总面积约 $51.62km^2$，其中喀斯特面积占研究区总面积的 87.92%。该区属亚热带季风气候类型，区内年均温 18.4℃，年均降水量 1 100mm（张俞，2019）。该区是典型的高原峡谷区，海拔高差大，海拔 450～1 450m，相对高差为 1 000m。花江示范区喀斯特地貌极为发育，碳酸盐岩广泛出露，地形破碎，基岩裸露率高（宋淑珍，2019）。土壤以石灰土为主，土壤肥力较高，但土层浅薄且不连续，保水性、耐旱性差（杨珊 等，2021）。

关岭-贞丰花江研究区为中-强度石漠化区，随着石漠化治理工程的长期实施，石漠化面积逐年减少（表 2-1），石漠化程度逐渐减弱，2010—2020 年间，该区的石漠化面积减少 2.23km²，石漠化面积比例从 2010 年的 53.8％下降至 2020 年的 49.5％（陈起伟，2021）。

根据研究区近年来的社会经济调查数据，花江研究区总人口为 12 604 人，人口密度为 242 人/km²，劳动力人口为 7 598 人，占总人口的 60.28％，劳动力充足，外出务工人口多（陈起伟，2021）。示范区总户数为 1 518 户，户均4.34 人，2017 年家庭人均纯收入为 4 896 元，务工收入占家庭总收入的50.86％（陈起伟，2021）。示范区农户受教育程度低，小学和初中文化水平占80％以上。区内耕地以旱地为主，水田面积极少，人均旱地面积为 1.33 亩。

花江研究区土地资源有限，传统农作物以玉米为主，产值低，经济基础薄弱，农民合作社数量少，但该区具备特殊的高温、高热气候特点，实现了部分特色生态产业的规模化发展。通过对关岭-贞丰花江研究区涉及的所有农民合作社进行统计，并根据合作社位置分布、各村合作社数量、组织类型、经营产业、理事长文化程度、合作社成员数量、合作社成立时间绘制图 2-16 至图 2-22，并阐述研究区农民合作社及其生态产业的特征。

第一，花江研究区共计 21 个农民合作社，合作社在示范区涉及的 6 个村均有分布，其中分布最多的为关岭县的峡谷村，有 6 个合作社，其次为与其毗邻的坝山村有 5 个合作社（图 2-9）。合作社在各村的分布主要以村委会为中心散布在河流两岸的人口聚集区，该区域具有宜耕地，适宜规模化发展生态产业。

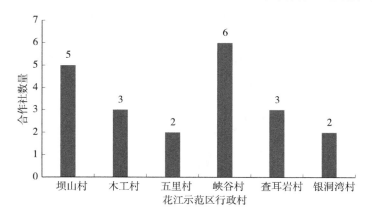

图 2-9　关岭-贞丰花江研究区各村农民合作社的数量分布

第二，花江研究区农民合作社涉及的生态产业有花椒、火龙果、沃柑、蜂糖李的种植，以及生态养牛、生态养猪、蔬菜种植、苗木繁育、花卉培植、中药材种植、沼气池修建等（图 2-10）。该区处于干热河谷地带，热量充足，适合热带水果和抗冻耐旱型植株的生长，该区花椒、火龙果、蜂糖李等经济林果产业发展较好，并具有多年的肉牛养殖传统，养殖的关岭牛具备一定知名度。该区农民合作社经营最多的产业为花椒生产，有 10 个合作社涉及花椒产业经营；其次为火龙果产业，有 5 个合作社涉及火龙果的生产经营；排第三位的为生态肉牛养殖产业，有 4 个合作社涉及。

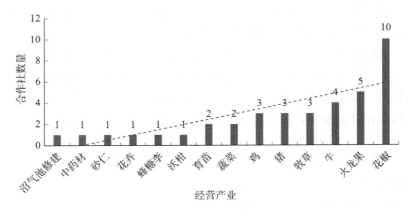

图 2-10　关岭-贞丰花江研究区农民合作社不同产业类型数量分布

第三，关岭-贞丰花江研究区农民合作社规模总体不大，9 人及以下的小规模合作社占 95％，10～99 人的中小规模合作社为 0 个，100～399 人的中型规模合作社仅占 5％，没有 400 人以上的大规模合作社（图 2-11）。该区合作社理事长的文化程度偏低，其中 76％为初中文化水平，24％为高中文化水平（图 2-12）。花江示范区合作社的组织类型以能人领办型为主，占 81％（图 2-13），其余 14％为村集体带动型，并存在村集体带动型合作社规模较大且理事长文化程度较高的特点。

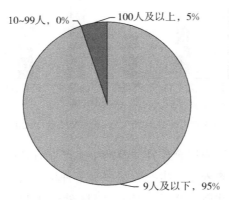

图 2-11　关岭-贞丰花江研究区不同组成规模的合作社数量分布

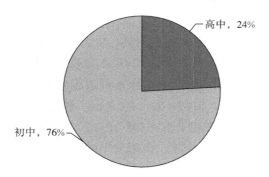

图 2-12　关岭-贞丰花江研究区农民合作社理事长文化程度数量分布

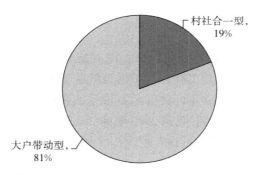

图 2-13　关岭-贞丰花江研究区农民合作社不同组织形式数量分布

第四，花江示范区于 2008 年开始出现农民合作社，连续 8 年增长速度极慢，每年新增 0 个或 1 个，2016 年在国家政策的鼓励下，该区农民合作社增长速度显著提升，2016 年该示范区新增了 6 个合作社，2017 年新增 8 个（图 2-14）。

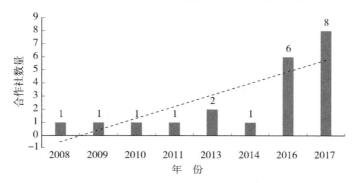

图 2-14　关岭-贞丰花江研究区农民合作社年度分布

（三）施秉喀斯特槽谷无-潜在石漠化综合治理示范区

施秉喀斯特示范区位于贵州省东部施秉县境内（东经 108°01′36″—

108°10′52″、北纬 27°13′56″—27°04′51″），涉及施秉县白垛乡的石家湾村、白垛村、胜溪村、城关镇的云台村、白塘村、牛大场镇的石桥村、紫荆村、山口村、马溪乡的茶园村、塘头村，共涉及 10 个行政村。研究区为喀斯特高原槽谷无-潜在石漠化区，处于中国云贵高原东部边缘向湘西低山丘陵过渡的山原斜坡地带，地势北高南低，海拔 600～1 250m，平均海拔为 912m。研究区属中亚热带季风湿润气候类型，年均温 16℃，年均降水 1 220mm（张俞，2019）。该区属长江流域沅江水系、潕阳河中游杉木河水系和瓦桥河水系，地表水发育，森林覆盖率为 93.95％。施秉研究区为世界自然遗产“中国南方喀斯特”的重要组成部分，该区白云岩喀斯特地貌类型丰富并具有典型性，形成丰富的旅游资源。另外，该区土层较厚，土壤主要为石灰土，土壤肥力较高，传统农业发展良好。

施秉研究区为无-潜在石漠化区域，随着施秉研究区申报为世界遗产地，以及持续开展的保护和治理工程，石漠化面积在逐渐减少，石漠化程度逐渐减弱（表 2-1），2010—2020 年，该区的石漠化面积减少 26.49km²，石漠化面积比例从 2010 年的 13.1％下降到 2020 年的 3.7％（陈起伟，2021）。

施秉研究区总人口为 21 495 人，人口密度 76 人/km²，劳动力人口为 9 616 人，占总人口的 44.74％，其中，43.13％的劳动力从事种植业和养殖业，51.36％的劳动力外出务工，5.51％的劳动力从事其他产业（陈起伟，2021）。施秉研究区户均家庭人口为 4.31 人，2017 年人均纯收入为 8 790 元，务工收入占家庭总收入的 50.30％（陈起伟，2021）。示范区农户受教育程度较高，小学及以下文化占比 25％，初中文化占比 36％，高中文化占比 31％，大学文化占比 8％。区内耕地以旱地为主，人均旱地面积为 1.03 亩，水田面积较少，人均水田面积为 0.43 亩。

施秉研究区生态产业的发展条件较好，农户文化程度相对较高，具有较好的生态旅游产业基础以及生态农业发展条件。通过对施秉研究区涉及的全部农民合作社进行统计，并根据合作社位置分布、各村合作社数量、组织类型、经营产业、理事长文化程度、合作社成员数量、合作社成立时间绘制图 2-26 至图 2-32，并阐述研究区农民合作社及其生态产业的特征。

第一，施秉研究区共计 65 个农民合作社，合作社在示范区的 9 个村均有分布，其中分布最多的为白垛村，分布有 13 个合作社，其次为白塘村，有 9 个合作社（图 2-15）。合作社在各村的分布主要以村委会为中心散布在各村交通便利、人口聚集、土地相对平坦、适宜规模化发展产业的区域。

第二，该示范区合作社涉及的生态产业有烤烟、太子参、缬草、天麻等的

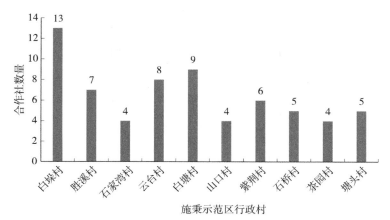

图 2 - 15 施秉研究区各村农民合作社的数量分布

种植，蔬菜和粮食的生产，黄桃、黄金梨、珍珠枣油桃等的种植，以及生态养牛、生态养羊、林下养鸡、经营农家乐等（图 2 - 16）。该区气候及生态环境适宜发展多种种植业、养殖业和旅游业，合作社发展最多的产业以当地具有一定产业基础的烤烟、太子参、食用菌生产为主。

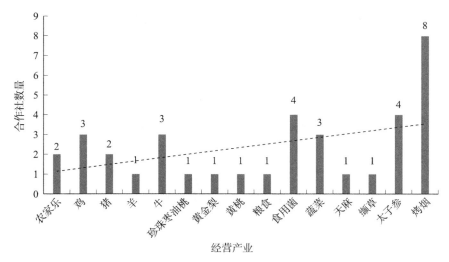

图 2 - 16 施秉研究区农民合作社不同产业类型数量分布

第三，施秉研究区农民合作社规模总体不大，9 人及以下的小规模合作社占 91%，10～99 人的中小规模合作社占 6%，100 人以上的中型规模合作社仅占 3%，400 人以上的大规模合作社为 0（图 2 - 17）。该区合作社理事长的文化程度相对较高，其中仅 6% 为小学文化水平，61% 为初中文化水平，25% 为高中文化水平，6％为大专或本科文化水平（图2-18）。施秉研究区合作社的组织类型以能人领办型为主，占比91％（图2-19），村集体带动型占比6％，企业引导型占比3％，并存在村集体带动型合作社规模较大，并且理事长文化程度较高的特点。

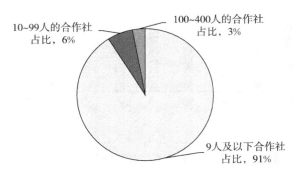

图2-17　施秉研究区不同组成规模的合作社数量分布

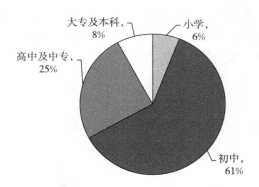

图2-18　施秉研究区农民合作社理事长文化程度数量分布

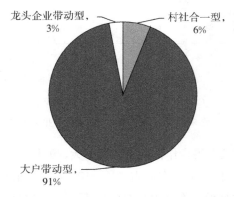

图2-19　施秉研究区农民合作社不同组织形式数量分布

第四，施秉示范区于 2008 年开始出现农民合作社，合作社的增长速度不均衡，在 2012 年、2014 年、2016 年、2019 年分别成立合作社 9 个、11 个、16 个、9 个，这几年成为合作社成立的小高峰，其他年份成立合作社的数量相对较少（图 2-20）。

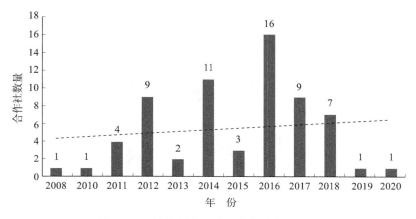

图 2-20　施秉研究区农民合作社年度分布

第四节　资料数据获取与可信度分析

根据本研究调查方案设计，三个研究区的生态产业与农民合作社等相关数据资料的获取包含数据收集、数据整理、数据分类、数据归纳与总结等环节，其中数据收集的途径主要包括项目组的前期积累、文献查阅、实地调研以及遥感影像解译等。

一、野外调查数据

（一）野外调查目的与内容

1. 调研目的　本文围绕农民合作社驱动生态产业发展的作用机制、农民合作社驱动生态产业发展的效果提升机制等研究问题，确定调查目的：①明确石漠化地区农民合作社及生态产业发展的现状与特征，②揭示石漠化地区农民合作社与生态产业发展的关联性，③分析石漠化地区农民合作社驱动生态产业发展的影响因素及原因，④探索石漠化地区农民合作社驱动生态产业发展的方向与路径。图 2-21 为部分实地调研和访谈过程。

2. 调查内容　调查内容包括三个研究区农民合作社的生产经营状况、各

图 2-21　实地调研与访谈

研究区涉及的生态产业类型、各合作社涉及的生态产业的发展状况、农民合作社驱动生态产业发展的动因及影响因素、农民合作社涉及的生态产业发展现有模式及存在的问题。

针对三个研究区所选取的典型案例合作社（表 2-2），重点调查农民合作社带动乡村生态产业发展的过程、当地农户成立合作社并实现生态产业发展的动因以及绩效。

表 2-2　典型案例合作社

案例合作社	涉及产业	案例地石漠化等级	合作社类型
关岭曾德春花椒种植农民专业合作社	花椒种植、初加工、销售等	关岭-贞丰花江喀斯特高原峡谷中-强度石漠化地区	能人领办型
贵州省关岭山宝石种植养殖专业合作社	牛、西红柿、四季豆、茄子、工业辣椒等	关岭-贞丰花江喀斯特高原峡谷中-强度石漠化地区	村集体带动型
七星关区撒拉溪众发畜禽养殖合作社	肉牛养殖、销售	毕节撒拉溪喀斯特高原山地潜在-轻度石漠化地区	能人领办型
毕节市七星关区撒拉溪镇龙场村玫瑰花合作社	玫瑰花生产、加工、销售	毕节撒拉溪喀斯特高原山地潜在-轻度石漠化地区	企业引领型

（续）

案例合作社	涉及产业	案例地石漠化等级	合作社类型
七星关区撒拉溪永红林木种植养殖专业合作社	牛、鸡	毕节撒拉溪喀斯特高原山地潜在-轻度石漠化地区	能人领办型
盛家铺乡村经济发展农民专业合作社	优质大米、生态鸡、蔬菜	施秉喀斯特高原槽谷无-潜在石漠化地区	村集体带动型
施秉县富源种植农民专业合作社	食用菌	施秉喀斯特高原槽谷无-潜在石漠化地区	村集体带动型
施秉县大地春蕾经济绿色果农农民合作社	黄金梨、珍珠枣油桃	施秉喀斯特高原槽谷无-潜在石漠化地区	能人领办型

（二）野外调查过程与步骤

以石漠化背景为前提，基于农民合作社的产业发展状况，在毕节撒拉溪研究区、关岭-贞丰花江研究区以及施秉喀斯特研究区所涉及的各个乡镇及村委会进行摸底调查，根据摸底调查结果选择有效带动当地生态产业发展的合作社作为案例合作社，采用开放式提问和半结构访谈，对案例合作社涉及的社员、理事长、政府工作人员、村委会成员、企业代表等开展深度访谈，调研时间为 2019 年 1 月、7 月、10 月，2020 年 6 月、9 月，2021 年 10 月，具体调研安排见表 2-3。

表 2-3 野外调研安排

计划	目的	内容	时间（年月）	地点（县、乡、村）	人员构成
背景调查	研究区社会经济情况摸底调查	研究区社会经济现状、生态产业分布情况、农民合作社现状	2019.1	施秉县白垛乡（石家湾村、白垛村、胜溪村）、施秉县城关镇（云台村、白塘村）、施秉县牛大场镇（石桥村、紫荆村、山口村）、施秉县马溪乡（茶园村、塘头村）	任笔墨、陈永毕、吴俊、周越 4 人
现状调查	研究区现状调查及案例选取	研究区农民合作社现状、生态产业分布、案例合作社选取	2019.7	关岭自治县花江镇（峡谷村、木工村、坝山村、五里村）、贞丰县北盘江镇（查尔岩村、银洞湾村）、七星关区撒拉溪镇（冲锋村、朝营村、永丰村、龙场村、沙乐村、龙凤村、水营村、撒拉村、钟山村）、施秉县白垛乡（石家湾村、白垛村、胜溪村）、施秉县城关镇（云台村、白塘村）	任笔墨、陈永毕、吴俊、周越、颜佳旺、孙若晨 6 人

（续）

计划	目的	内容	时间（年月）	地点（县、乡、村）	人员构成
农民合作社带动产业发展的案例选取	农民合作社利益相关者、组织形式	合作社负责人、合作社成员、村委会走访调查	2019.10	关岭自治县花江镇（峡谷村、木工村、坝山村、五里村）、贞丰县北盘江镇（查尔岩村、银洞湾村）	任笔墨、吴俊、颜佳旺、孙若晨、赵榕5人
农民合作社促进产业发展的作用机制	农民合作社带动生态产业发展的影响因素	合作社负责人、合作社成员、村委会走访调查	2020.6	关岭自治县花江镇（峡谷村、木工村、坝山村、五里村）、贞丰县北盘江镇（查尔岩村、银洞湾村）、七星关区撒拉溪镇（冲锋村、朝营村、龙场村、沙乐村、永丰村、龙凤村、撒拉村）、施秉县白垛乡（白垛村）、施秉县城关镇（云台村）	任笔墨、吴俊2人
农民合作社绩效	农民合作社绩效研究	合作社负责人、合作社成员、村委会走访调查	2020.9	关岭自治县花江镇（峡谷村、木工村、坝山村、五里村）、贞丰县北盘江镇（查尔岩村、银洞湾村）、七星关区撒拉溪镇（冲锋村、朝营村、水营村、撒拉村、永丰村、沙乐村、龙凤村、钟山村）、施秉县白垛乡（石家湾村、白垛村、胜溪村）、施秉县城关镇（云台村、白塘村）	任笔墨、吴俊、喻阳华3人
补点调查	完善论文数据	补充毕业论文数据	2021.10	关岭自治县花江镇（峡谷村、木工村、坝山村、五里村）、贞丰县北盘江镇（查尔岩村、银洞湾村）、七星关区撒拉溪镇（冲锋村、永丰村、朝营村、沙乐村、龙凤村、撒拉村、水营村）、施秉县白垛乡（石家湾村、白垛村、胜溪村）、施秉县城关镇（云台村、白塘村）、施秉县牛大场镇（石桥村、紫荆村、山口村）、施秉县马溪乡（茶园村、塘头村）	任笔墨、陈起伟、郭应军、颜佳旺、赵榕、赵梓伊6人

二、收集资料数据

（一）收集资料的目的与内容

以喀斯特石漠化治理中农民合作社生态产业驱动机制这个研究题目为指

导，收集与该研究方向相关的资料。在确定选题和写作过程中，除了上述调查资料与实验数据为主的一手资料外，按照研究目的收集、整理的各种二手资料，它与实地调查数据及收集的一手资料相互依存、相互补充，将为本研究的科学性、准确性和客观性提供参考佐证与依据。

收集资料类型分为年鉴、报告、文件、期刊、文集、数据库、报表等。

收集资料内容主要涵盖自然基础数据、人口与社会经济数据、土地利用数据、石漠化数据四个方面。

（二）收集资料的过程与步骤

1. 自然基础数据来源　气象数据来源包含研究区内的小/微型气象站获取的数据以及七星关区、关岭县、贞丰县、施秉县等气象局提供的数据。其他自然基础数据来源包含《七星关区撒拉溪镇志（2008—2010 年）》《贞丰县志（2005 年）》《关岭布依族苗族自治县志（2005 年）》《施秉县志（1991—2010 年）》等相关县志资料，此外，还包括从相关政府部门咨询中获取的数据以及对研究区的典型社会经济调查和座谈访谈数据。

2. 人口及社会经济数据来源　一方面，课题组成员通过与研究区域内的镇政府、村委会咨询获得完整的人口数据；另一方面，通过开展研究区农户社会经济调查获取经济数据。作者作为课题组成员参与 2018—2021 年对毕节撒拉溪、关岭-贞丰花江、施秉喀斯特研究区的典型农户调查，并在研究区所涉及的各个乡镇及村委会收集农民合作社及其产业发展情况的资料数据。

3. 土地利用数据来源　以第二次全国土地调查数据库为参考图件，对照现行土地利用现状分类标准（GB/T 21010—2007），同时使用 SPOT-5 遥感影像为底图，对示范区样点进行野外 GPS 建标，并进行计算处理、实地对比验证等，最终生成最小图斑达到 $0.1 km^2$ 的土地利用现状矢量图。

4. 石漠化数据来源　课题组成员基于 SPOT-5 遥感影像为底图，对照喀斯特石漠化强度分级标准（熊康宁 等，2002，2011），对示范区样点进行野外 GPS 建标，利用计算机进行分析处理，最后提取图件信息与实地进行对比验证，生成石漠化程度正确率达 90% 以上的石漠化等级现状矢量图件（陈起伟，2021）。

（三）收集资料的结果

1. 合作社及生态产业数据　对毕节撒拉溪、关岭-贞丰花江、施秉喀斯特研究区涉及的所有农民合作社的名称、所在位置、成立年份、具体开展的生态产业类型以及各个合作社的组织形式等情况进行收集整理，并统计于表 2-4 至表 2-6。

表2-4　毕节撒拉溪研究区农民合作社

编号	合作社名称	所在村	成立年份	产业	组织形式
1	撒拉溪镇朝营村聚优品经果林种植合作社	朝营村	2017	刺梨	能人领办型
2	七星关区永顺农民养殖专业合作社	朝营村	2018	牛	能人领办型
3	毕节市绿茂林木种植专业合作社	朝营村	2011	—	村集体带动型
4	七星关区撒拉溪镇朝营村毛栗树专业合作社	朝营村	2015	—	能人领办型
5	七星关区撒拉溪高山生态种植养殖专业合作社	朝营村	2016	—	能人领办型
6	七星关区撒拉溪胜明农机专业合作社	冲锋村	2015	—	能人领办型
7	七星关区撒拉溪冲锋刺梨种植专业合作社	冲锋村	2015	刺梨	能人领办型
8	七星关区撒拉溪镇冲锋长青中药材种植合作社	冲锋村	2016	—	能人领办型
9	毕节市七星关区毕发林木种植专业合作社	冲锋村	2012	—	能人领办型
10	七星关区撒拉溪永红林木种植养殖专业合作社	冲锋村	2015	牛、鸡	能人领办型
11	七星关区撒拉溪镇路氏养鸡专业合作社	龙凤村	2012	鸡	能人领办型
12	七星关区撒拉溪众旺中药材专业合作社	龙凤村	2013	中药材	能人领办型
13	七星关区鸿智达马铃薯专业合作社	龙凤村	2007	马铃薯	能人领办型
14	七星关区撒拉溪红林园水果种植专业合作社	龙凤村	2015	—	能人领办型
15	龙凤村柏山鑫桦经果林种植专业合作社	龙凤村	2016	金秋梨	能人领办型
16	七星关区撒拉溪林之峰天麻种植专业合作社	龙凤村	2013	天麻	能人领办型
17	七星关区撒拉溪明都蔬菜种植专业合作社	龙凤村	2017	蔬菜	能人领办型
18	七星关区龙凤经果林种植专业合作社	龙凤村	2012	—	能人领办型
19	七星关区龙凤众益农民专业合作社联合社	龙凤村	2017	行道树	村集体带动型
20	七星关区大众发经果林种植专业合作社	龙凤村	2017	刺梨	村集体带动型
21	七星关区撒拉溪镇贤中蔬菜种植专业合作社	龙凤村	2017	蔬菜	能人领办型
22	七星关区撒拉溪镇民愿农机专业合作社	龙凤村	2015	—	能人领办型
23	七星关区撒拉溪镇玉蜂养殖专业合作社	龙凤村	2016	蜜蜂	能人领办型
24	七星关区撒拉溪镇撒拉经果林种植专业合作社	撒拉村	2017	刺梨	村集体带动型
25	撒拉溪镇撒拉村善霖经果林种植农民合作社	撒拉村	2017	—	能人领办型
26	七星关区吐露泉农民用水专业合作社	撒拉村	2016	饮用水	能人领办型
27	七星关区撒拉溪镇创业蜜蜂养殖专业合作社	沙乐村	2017	蜜蜂	能人领办型
28	七星关区撒拉溪镇沙乐村蔬菜种植专业合作社	沙乐村	2017	蔬菜	村集体带动型
29	撒拉溪镇沙乐村蚕桑种植农民专业合作社	沙乐村	2017	桑蚕	能人领办型
30	七星关区撒拉溪镇银飞蜜蜂养殖专业合作社	沙乐村	2017	蜜蜂	能人领办型
31	七星关区丰农致富农机专业合作社	沙乐村	2019	—	能人领办型
32	七星关区撒拉溪沙乐无花果种植专业合作社	沙乐村	2016	无花果	能人领办型
33	七星关区撒拉溪镇水营种植农民专业合作社	水营村	2017	—	村集体带动型
34	七彩花卉园艺种植专业合作社	水营村	2012	花卉	能人领办型

（续）

编号	合作社名称	所在村	成立年份	产业	组织形式
35	永丰村合成蜜蜂养殖专业合作社	永丰村	2017	蜜蜂	能人领办型
36	七星关区撒拉溪泰丰黑山羊专业合作社	永丰村	2015	黑山羊	能人领办型
37	七星关区永丰经果林专业合作社	永丰村	2008	—	能人领办型
38	七星关区撒拉溪桃园家畜养殖专业合作社	永丰村	2015	牛	能人领办型
39	七星关区撒拉溪镇永丰村肉牛养殖专业合作社	永丰村	2015	肉牛	能人领办型
40	七星关区撒拉溪镇永丰村蔬菜种植专业合作社	永丰村	2017	蔬菜	村集体带动型
41	毕节市牛路山羊养殖专业合作社	永丰村	2010	山羊	能人领办型
42	七星关区利民农机专业合作社	永丰村	2013	—	能人领办型
43	七星关区撒拉溪永发养殖专业合作社	永丰村	2015	牛	能人领办型
44	七星关区撒拉溪应勤养殖专业合作社	永丰村	2015	牛	能人领办型
45	七星关区撒拉溪小麻塘牛养殖专业合作社	永丰村	2015	牛	能人领办型
46	毕节市七星关区绿盟种植专业合作社	永丰村	2017	—	能人领办型
47	七星关区撒拉溪镇钟山村祥瑞养殖专业合作社	钟山村	2017	—	能人领办型
48	七星关区大湾养牛专业合作社	钟山村	2017	牛	能人领办型
49	七星关区钟山和平种植养殖专业合作社	钟山村	2015	牛	能人领办型
50	七星关区撒拉溪镇官家冲养牛专业合作社	钟山村	2015	牛	能人领办型
51	七星关区撒拉溪镇联益养牛专业合作社	钟山村	2015	牛	能人领办型
52	七星关区撒拉溪镇钟山养牛专业合作社	钟山村	2015	牛	能人领办型
53	七星关区撒拉溪镇钟山村梁子上养殖合作社	钟山村	2015	—	能人领办型
54	七星关区撒拉溪镇营盘养牛专业合作社	钟山村	2015	牛	能人领办型
55	七星关区撒拉溪镇军发养牛专业合作社	钟山村	2015	牛	能人领办型
56	七星关区撒拉溪镇中营养牛专业合作社	钟山村	2015	牛	能人领办型
57	野角乡茅坪村惠民种植养殖农民合作社	茅坪村	2018	牛	村集体带动型

注：—表示未实现过具体产业的生产经营。

表 2-5 关岭-贞丰花江研究区农民合作社

编号	合作社名称	所在村	成立年份	经营产业	组织形式
1	关岭益农种植农民专业合作社	坝山村	2017	花卉	能人领办型
2	关岭山宝石种养殖农民专业合作社	坝山村	2017	蔬菜	村集体带动型
3	关岭李恒富种植农民专业合作社	坝山村	2017	蜂糖李	能人领办型
4	贵州关岭板贵曾德春花椒种植农民专业合作社	坝山村	2014	花椒	能人领办型
5	关岭自治县板贵乡火龙果农民专业合作社	坝山村	2008	火龙果	能人领办型
6	关岭薪鑫种养殖农民专业合作社	木工村	2017	花椒	能人领办型
7	关岭赵信荘沼气服务农民专业合作社	木工村	2013	沼气池	能人领办型

（续）

编号	合作社名称	所在村	成立年份	经营产业	组织形式
8	关岭县涌泉原生态特种养殖农民专业合作社	木工村	2010	育苗	能人领办型
9	关岭银牧种养殖农民专业合作社	五里村	2017	鸡	能人领办型
10	关岭康牧种养殖农民专业合作社	五里村	2017	牛	能人领办型
11	关岭花江贵农种植农民专业合作社	峡谷村	2016	火龙果	能人领办型
12	关岭板贵旺旺种养农民专业合作社	峡谷村	2016	火龙果	能人领办型
13	关岭峡谷村山地裕农种养殖农民专业合作社	峡谷村	2017	花椒	村集体带动型
14	关岭均衡种养殖农民专业合作社	峡谷村	2016	花椒	能人领办型
15	关岭县火龙果种植农民专业合作社	峡谷村	2009	火龙果	能人领办型
16	关岭自治县三家寨农产品产销农民合作社	峡谷村	2013	蔬菜	能人领办型
17	贞丰县查耳岩花椒市场销售专业合作社	查耳岩村	2016	花椒	村集体带动型
18	贞丰石漠化生态种养殖专业合作社	查耳岩村	2017	花椒	能人领办型
19	贞丰县兴发养殖专业合作社	查耳岩村	2016	—	能人领办型
20	贞丰县顶坛花椒专业合作社	银洞湾村	2016	花椒	村集体带动型
21	贞丰县顶青花椒育植农民专业合作社	银洞湾村	2011	花椒	能人领办型

注：—表示未实现过具体产业的生产经营。

表 2-6　施秉研究区农民合作社基本情况

编号	合作社名称	所在村	成立年份	经营产业	组织形式
1	施秉县白垛金叶综合服务烟农专业合作社	白垛村	2011	烟草	能人领办型
2	施秉县白垛烟叶烘烤烟地机耕专业合作社	白垛村	2011	烟草	能人领办型
3	施秉县白云中药材种植农民专业合作社	白垛村	2011	中药材	能人领办型
4	施秉县白垛乡胜溪农机农民专业合作社	白垛村	2012	烟草	能人领办型
5	施秉县帆翔农民专业合作社	白垛村	2012	烟草	能人领办型
6	施秉县白垛乡伍家庄农民专业合作社	白垛村	2012	烟草	能人领办型
7	施秉县全盛烤烟种植农民专业合作社	白垛村	2013	—	能人领办型
8	施秉县兴农种植农民专业合作社	白垛村	2014	—	能人领办型
9	施秉县白垛高新农业农民专业合作社	白垛村	2015	—	能人领办型
10	施秉县大地春蕾经济绿色果农民专业合作社	白垛村	2016	黄金梨	能人领办型
11	施秉县茂源农业产业农民专业合作社	白垛村	2016	畜牧业	能人领办型
12	施秉县绿怡种养殖农民专业合作社	白垛村	2018	食用菌	村集体带动型
13	施秉县世遗黑冲生态农业农民专业合作社	白垛村	2018	餐饮	能人领办型
14	施秉县胜溪凤凰坡种植农民专业合作社	胜溪村	2012	—	能人领办型
15	施秉县丰盛种植农民专业合作社	胜溪村	2013	—	能人领办型
16	贵州缬草农民专业合作社	胜溪村	2016	缬草	能人领办型

（续）

编号	合作社名称	所在村	成立年份	经营产业	组织形式
17	施秉县众鑫水果种植农民专业合作社	胜溪村	2016	—	能人领办型
18	施秉县溪之声生态种植养殖农民合作社	胜溪村	2016	—	能人领办型
19	贵州金色科技种植农民专业合作社	胜溪村	2016	—	能人领办型
20	施秉县胜溪生态种养殖农民专业合作社	胜溪村	2016	—	村集体带动型
21	施秉县白垛乡坡坪农机烟草专业合作社	石家湾村	2011	烟草	能人领办型
22	施秉县永亮蔬菜农民专业合作社	石家湾村	2014	蔬菜	能人领办型
23	施秉县祥发种养殖农民专业合作社	石家湾村	2019	—	能人领办型
24	施秉县盈锐种养殖农民专业合作社	石家湾村	2016	—	村集体带动型
25	施秉县云台村农机烤烟专业合作社	云台村	2010	烤烟	能人领办型
26	施秉县红冲养殖农民专业合作社	云台村	2014	—	能人领办型
27	施秉县鸿峰农业发展农民专业合作社	云台村	2014	—	能人领办型
28	施秉县薯王发展种植农民专业合作社	云台村	2014	—	能人领办型
29	施秉县云台安贵种养殖农民专业合作社	云台村	2017	—	能人领办型
30	施秉县心悦种养殖农民专业合作社	云台村	2018	食用菌	能人领办型
31	施秉县云台山广龙生态养殖农民合作社	云台村	2012	—	能人领办型
32	施秉县牛郎湾生态农庄农民专业合作社	云台村	2015	—	能人领办型
33	施秉县养鸡专业合作社	白塘村	2008	鸡	能人领办型
34	贵州省施秉县上域中药材农民专业合作社	白塘村	2012	太子参	能人领办型
35	施秉县加旺特色养殖农民专业合作社	白塘村	2016	—	能人领办型
36	施秉县富源种养殖农民专业合作社	白塘村	2017	食用菌	能人领办型
37	施秉县宏利种植农民专业合作社	白塘村	2017	—	能人领办型
38	施秉县海洋天麻种植农民专业合作社	白塘村	2017	天麻	能人领办型
39	施秉县乡情园菌业农民专业合作社	白塘村	2017	食用菌	能人领办型
40	施秉县绿臻源农业农民专业合作社	白塘村	2018	—	能人领办型
41	施秉县盛家铺乡村经济发展农民合作社	白塘村	2017	鸡、蔬菜	能人领办型
42	施秉县鸿庄种养殖农民专业合作社	山口村	2020	猪、中药	能人领办型
43	施秉县锦秀园种养殖农民专业合作社	山口村	2017	—	能人领办型
44	施秉县清华中药材农民专业合作社	山口村	2014	—	能人领办型
45	施秉县致富农业农民专业合作社	山口村	2016	猪、中药	能人领办型
46	施秉县三合盛养殖农民专业合作社	紫荆村	2018	中药材	能人领办型
47	施秉县紫荆晶品农牧发展农民专业合作社	紫荆村	2014	—	能人领办型
48	施秉县特色种植农民专业合作社	紫荆村	2012	—	能人领办型
49	施秉县紫荆生态牧业农民专业合作社	紫荆村	2014	牛、羊	能人领办型
50	施秉县裕农特种养殖农民专业合作社	紫荆村	2016	—	能人领办型
51	施秉县林家冲中药材种植农民专业合作社	紫荆村	2014	—	能人领办型

（续）

编号	合作社名称	所在村	成立年份	经营产业	组织形式
52	施秉县鑫旺种养殖农民专业合作社	石桥村	2017	—	能人领办型
53	施秉县龙洞坡农业农民专业合作社	石桥村	2014	蔬菜、中药	龙头企业带动
54	施秉县宏发种植农民专业合作社	石桥村	2015	蔬菜	村集体带动型
55	施秉县石桥现代种植农民专业合作社	石桥村	2014	—	能人领办型
56	施秉县春辰种植养殖农民专业合作社	石桥村	2018	—	能人领办型
57	施秉县绿原种养殖农民专业合作社	茶园村	2016	—	能人领办型
58	施秉县九龙圆月养殖农民专业合作社	茶园村	2016	牛	能人领办型
59	施秉县宏涛养殖农民专业合作社	茶园村	2016	鸡	能人领办型
60	施秉县茂阳种植农民专业合作社	茶园村	2018	烤烟	能人领办型
61	施秉县日新种植农民专业合作社	塘头村	2012	—	能人领办型
62	施秉县月异养殖农民专业合作社	塘头村	2012	—	能人领办型
63	施秉县名扬生态养殖农民专业合作社	塘头村	2016	牛	企业引领型
64	施秉县致富精品黄桃种植农民专业合作社	塘头村	2016	黄桃	能人领办型
65	施秉县顺民科技种养殖农民专业合作社	塘头村	2017	中药材	能人领办型

注：—表示未实现过具体产业的生产经营。

2. 研究区气象数据 通过放置在研究区的小型气象站的监测记录，并通过七星关区、关岭县、贞丰县、施秉县气象局补充，统计了三个研究区 2019 年降水量、气温、湿度等气象数据（表 2-7）。

表 2-7 研究区 2019 年气象数据统计

研究区	月份	降水量/mm	陆面蒸发量/mm	可利用降水量/mm	气温/℃	辐射/(W/m²)	相对湿度/%
毕节	1	31.00	24.06	6.94	4.60	162.72	82.91
	2	45.00	36.49	8.51	11.60	161.22	82.82
	3	64.00	45.11	18.89	12.50	205.55	83.53
	4	88.00	59.59	28.41	16.40	206.00	83.29
	5	107.00	67.61	39.39	17.90	245.63	83.14
	6	196.60	71.33	125.27	18.80	261.69	83.76
	7	304.00	60.27	243.73	19.10	261.24	83.54
	8	286.00	85.33	200.67	22.50	268.98	83.29
	9	151.00	72.75	78.25	18.50	251.34	83.66
	10	92.00	54.65	37.35	14.30	200.31	82.18
	11	48.00	25.54	22.46	2.90	45.69	91.10
	12	12.60	11.94	0.66	3.60	130.18	83.54

（续）

研究区	月份	降水量/mm	陆面蒸发量/mm	可利用降水量/mm	气温/℃	辐射/(W/m²)	相对湿度/%
贞丰-关岭	1	17.00	16.49	0.51	12.17	227.26	80.02
	2	10.40	10.32	0.08	14.79	320.71	70.44
	3	12.60	12.51	0.09	19.15	373.30	67.19
	4	33.50	32.84	0.66	26.40	572.70	64.11
	5	31.20	30.65	0.55	26.20	465.80	67.24
	6	253.00	125.07	127.93	27.41	582.78	78.13
	7	156.60	112.47	44.13	27.40	585.91	78.62
	8	75.60	70.09	5.51	28.70	761.22	73.05
	9	296.40	105.78	190.62	25.30	587.69	73.80
	10	101.00	80.77	20.23	23.80	332.78	70.10
	11	57.60	45.43	12.17	14.30	282.56	68.47
	12	43.50	36.05	7.45	12.00	247.72	72.34
施秉	1	42.00	25.07	16.93	2.88	145.58	84.03
	2	37.00	24.16	12.84	2.78	179.60	77.12
	3	64.00	40.68	23.32	10.14	204.69	70.25
	4	112.80	60.56	52.24	15.65	219.68	72.40
	5	171.60	64.04	107.56	17.00	245.33	72.25
	6	243.80	85.81	157.99	21.89	274.13	71.43
	7	216.60	97.59	119.01	23.33	331.81	69.81
	8	258.20	103.53	154.67	24.56	349.81	65.36
	9	31.20	30.20	1.00	21.15	374.14	63.16
	10	111.80	61.19	50.61	15.84	256.44	72.16
	11	21.00	20.17	0.83	13.19	454.26	65.23
	12	31.50	26.59	4.91	8.04	299.92	74.63

3. 土地利用数据　表 2-8 统计了贵州省的 2000 年、2005 年、2010 年、2015 年的土地覆被情况，其中有林地显示出增加趋势。

4. 石漠化数据　表 2-9 统计了中国南方喀斯特地区石漠化 15 年的变化情况，其中，重度石漠化和极重度石漠化显著减少。

表 2-8　贵州省土地利用数据

单位：hm²

生态系统	地类	2000 年面积	2005 年面积	2010 年面积	2015 年面积
农田	水田	14 320.55	14 172.83	14 133.47	13 830.03
	旱地	33 529.56	33 742.09	33 643.52	33 386.62
森林	有林地	23 923.63	23 986.06	24 058.56	24 020.37
	灌木林	44 199.05	44 354.47	44 373.68	44 248.12
	疏林地	26 693.08	27 479.55	27 509.22	27 444.48
	其他林地	291.74	290.50	298.86	291.62
草地	高覆盖度草地	1 587.77	1 496.42	1 747.48	1 750.44
	中覆盖度草地	27 005.97	26 247.06	25 912.78	25 761.81
	低覆盖度草地	3 466.02	3 234.34	3 199.06	3 170.44
水体	河渠	130.85	137.61	132.48	142.24
湿地	湖泊	84.44	84.44	84.43	86.44
	水库坑塘	176.41	175.41	246.31	268.07
	滩地	6.00	6.00	6.00	5.00
城乡建设	城镇用地	236.85	240.46	268.48	440.09
	农村居民点	205.31	218.64	219.96	264.74
	其他建设用地	104.85	104.66	136.17	859.79
荒漠	裸土地	1.00	1.00	1.00	3.00
	裸岩石质地	39.98	32.98	32.98	30.98
合计		176 004	176 004	176 004	176 004

表 2-9　中国南方喀斯特石漠化数据

单位：hm²

石漠化类型	年份	耕地	林地	草地	其他用地
无石漠化	2000	93 392.17	99 368.88	17 114.12	139.46
	2005	99 137.42	97 419.92	17 856.52	139.95
	2010	103 330.99	99 204.22	18 110.82	145.17
	2015	103 411.93	99 586.09	18 066.81	140.04
潜在石漠化	2000	68 970.63	68 388.90	3 777.06	2.63
	2005	61 696.54	64 401.52	3 269.82	0.52
	2010	64 804.96	67 396.08	2 949.02	0.25
	2015	68 124.60	70 878.16	3 136.86	0.61

（续）

石漠化类型	年份	耕地	林地	草地	其他用地
轻度石漠化	2000	31 989.49	17 057.42	2 519.20	0.79
	2005	30 653.93	16 272.92	1 814.18	1.32
	2010	30 976.27	17 711.92	2 336.16	3.18
	2015	31 841.68	21 079.89	1 933.66	2.65
中度石漠化	2000	25 636.75	17 151.53	2 407.16	4.51
	2005	26 935.07	22 017.54	2 805.97	5.13
	2010	23 467.33	18 592.28	2 537.54	6.47
	2015	22 179.91	14 635.91	2 093.98	5.22
重度石漠化	2000	11 239.25	9 526.70	1 286.82	3.12
	2005	13 663.93	11 533.54	1 214.86	4.51
	2010	11 113.91	8 996.33	806.03	5.02
	2015	7 462.70	5 595.43	1 263.06	4.87
极重度石漠化	2000	2 132.57	2 637.29	767.88	19.11
	2005	1 613.11	2 564.92	460.70	19.57
	2010	1 030.17	1 543.84	349.54	21.34
	2015	1 266.78	1 698.20	588.51	20.39

由表 2-10 可知，2000 年、2005 年、2010 年和 2015 年，贵州的石漠化占比依次为 31.46%、27.00%、25.10% 和 27.66%，均是所有省份中的最高值；其次是云南，石漠化占比依次为 28.01%、21.79%、23.61% 和 26.36%；再次是广西，石漠化占比依次为 22.96%、18.00%、16.04% 和 15.70%（罗旭玲 等，2021）。从总体趋势上看，湖南、湖北、重庆和四川整体的石漠化占比在提升，2010 年后略有下降；而贵州、云南、广东、广西 4 个省份的石漠化面积均呈现出下降趋势（罗旭玲 等，2021）。

表 2-10 石漠化分布比例（罗旭玲 等，2021）

单位：%

年份	贵州	云南	广西	湖南	湖北	重庆	四川	广东
2000	31.46	28.01	22.96	4.63	3.87	3.62	3.45	2.02
2005	27.00	21.79	18.00	11.20	8.55	7.03	5.82	0.61
2010	25.10	23.61	16.04	11.89	9.06	7.73	6.07	0.50
2015	27.66	26.36	15.70	11.50	6.64	6.07	5.51	0.56

以贵州为中心的西南八省份石漠化空间分布显示，贵州、云南以及广西 3 个省份的石漠化程度最高。从时间节点上看，2010 年为分水岭，之前为石漠化的增长阶段，之后则是石漠化减少阶段（罗旭玲 等，2021）。

第三章
石漠化治理中农民合作社驱动
生态产业发展的作用机制

为探索喀斯特石漠化治理中农民合作社实现生态产业发展的本质，基于行动者网络理论视角，在研究区选取农民合作社驱动生态产业成功发展的典型案例，阐明农民合作社驱动生态产业发展的过程，分析各个行动者在该过程中扮演的角色，揭示农民合作社驱动生态产业发展的作用机制，这一科学问题的解决将为农民合作社更好地驱动生态产业发展提供理论依据。

第一节 石漠化治理中农民合作社驱动
生态产业发展的过程及机制

一、行动者网络理论研究框架

网络研究作为一种新的农村研究范式，将社会、经济、地理、政治等视角引入农村地区（Esparcia，2014；Murdoch，2000）。由于网络在理解不同形式的农村发展研究方面的特殊作用，网络概念在农村发展研究中得到了广泛应用（Murdoch，2000）。其中，Callon（1986）提出的行动者网络理论是社会关系的理论（Law，1992），能够有效地描述网络内部的互动（Latour，1986），较适于阐述农民合作社实现生态产业发展中各参与者扮演的角色及互动关系，揭示农民合作社驱动生态产业发展的作用机制。

行动者网络理论以结构化的形式构建各行为主体之间的关系，同时将要素流动与网格化互动纳入分析的范畴（刘宣 等，2013）。行动者网络理论为理解现实世界中的自然和社会现象提供了综合性的理论系统，人类经济活动和自然环境被看作一个整体，人类与非人类被对等看待（艾少伟 等，2010），其中非人类要素与人类一样具有能动性（Sayes，2014），打破了原先以人类为中心的思考局限（Callon，1984，1986）。其涉及的所有元素，包括"自然因素"和"社会因素"，"人的因素"和"非人的因素"全部被看作"行动者"，并纳入分析、演绎和讨论，所有"行动者"通过互动最终形成一个动态、有序、稳定的行动者网络模型（Latour，2005；Tang，et al. 2018）。其通过观察行动者与网络之间的相互作用，以阐明构建网络的模式和动力，同时剖析网络的稳定性和可能的发展方向（刘宣 等，2013）。本质上，该理论用异质成分构造强联盟以解决问题（马海涛 等，2009）。行动者网络理论能够动态且有效地将异质性的人类因素与非人类因素之间的关系和相互作用过程联系起来（Van，2007），将自然和社会中的所有因素纳入统一的框架中来分析。二者相互嵌入，共同构成一个异质性网络，并通过互动的方式判定各自在网络中的角色（刘宣 等，2013）。

行动者网络理论被广泛应用于乡村研究，它为自然与社会因素在农业空间网络中的作用提供了有效分析方法（Murdoch，1994，1995）。它在揭示权利重组方面具有重要价值（Cheng，2019），被用于地方政府组织结合非政府组织，重新构建权利关系，达到地方发展目的的分析过程（Lowe et al.，1995；Murdoch，1997，2000；Long，2001）。一些学者通过行动者网络理论研究农产品的生产消费关系中不同行动者之间的合作（Goodman，1999；Trauger，2009），Murdoch（1994）分析了农业食品网络中自然-社会因素如何通过行动者网络实现组合。Woods（1998）探讨了行动者网络理论在分析农村政治冲突中的潜力。Hung 等（2011）运用该理论重新审视文创商品的创作过程，更好地实现人类和传统文化的平衡。Shoaib 等（2015）利用该理论探索如何将当地的品牌策略融入社区的发展。借助行动者网络理论分析方法，一些文献探索了政府、企业和当地居民在推动农村旅游发展和社会空间重构中的作用（Hu et al.，2016；Chen et al.，2015；Chen et al.，2018；Yang et al.，2018）。此外，已有学者将行动者网络理论应用到农民产业发展领域的研究，探索乡村旅游产业的扶贫模式与机制（Wang et al.，2021），解释农民合作社的形成与运作过程（孙九霞 等，2019；Ren et al.，2022）。

行动者网络是关于社会关系的理论（Law，1992；Barenholdt，2009），农民合作社驱动生态产业发展的过程是社会过程中各异质行动者的目的动机、组织形成和力量博弈的交互作用结果（刘宣 等，2013）。为阐明农民合作社驱动生态产业发展的作用过程、各种主体是通过何种方式相互作用、合作社是如何统筹资源实现生态产业发展的科学问题，通过行动者网络理论，剖析不同喀斯特石漠化等级地区的典型案例，从而阐述农民合作社驱动生态产业发展的运行机制。将农民合作社驱动生态产业发展过程中涉及的主要因素看作是行动者，在不同喀斯特石漠化地区选取典型案例进行深入剖析，以期从微观层面阐述农民合作社实现生态产业发展的作用过程及机制。

二、喀斯特高原峡谷农民合作社驱动生态产业的过程及机制

（一）喀斯特高原峡谷区花椒产业发展历程

喀斯特高原峡谷区花椒产业在近 30 年来，从本土较少的野生种发展成为该地区的主流产业，并逐渐融入市场化生产实践中。发展历程大致可以分为以下几个阶段（图 3-1）：探索阶段（1990—2000 年），快速发展阶段（2000—2010 年），衰退阶段（2010—2015 年），重振阶段（2015 年至今）。

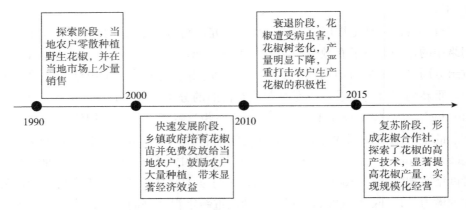

图 3-1　喀斯特高原峡谷区花椒产业发展历程

探索阶段（1990—2000 年），当地农户采摘野生花椒调味，逐渐养成了食用花椒的习惯。农户为满足自身需求，利用野生花椒育苗进行少量种植，剩余花椒则拿到当地集市售卖，花椒逐渐成为当地集市的商品。

快速发展阶段（2000—2010 年），当地政府在坡改梯上实行野生花椒试种，1998 年野生花椒试种初见成效，2002 年全面实行退耕还林工程，花椒产业被当地政府逐渐推广，牵头培育花椒苗，并将花椒苗免费发放给当地农户，鼓励种植。由于镇政府及村委会的持续宣传、鼓励，以及种植花椒带来的显著经济效益，大部分农户将玉米改种花椒。该阶段的模式主要为农户分散种植，收获后自行到当地集市上销售。该阶段花椒产业发展迅速，平均每公顷产干花椒 600kg，平均价格 100 元/kg，毛收入约 6 万元/hm²，是种植玉米的 4 倍，但仍存在缺乏科学管护技术、缺乏规模经营等问题，小农经营为主，仅在当地乡镇销售。

衰退阶段（2010—2015 年），由于水肥过度消耗，病虫害严重，花椒产量逐年下降，干花椒的产量降至 225kg/hm²，毛收入降至 2.25 万元/hm²，不足高峰期的 40%，严重影响了椒农的积极性，外出打工农户亦随之增多，部分

农户甚至退林还耕。部分花椒生产大户虽持续探索花椒产量提升技术，但收效甚微。

　　复苏阶段（2015 年至今），花椒生产大户主动学习整形修剪、水肥协同等丰产技术，干花椒产量达到 1 950kg/hm²，毛收入增至 19.5 万元/hm²。并在政府支持下新建灌溉水池、提水泵等基础设施。农户在合作社的带领下凑资修建了产业路，并通过土地承包等形式，实现土地的连片种植经营。生产大户与外商建立长期合作关系，形成固定的销售渠道。

（二）喀斯特高原峡谷区花椒产业重振的行动者网络分析

　　喀斯特高原峡谷区花椒产业的重振过程是各异质行动者的利益动机、组织生成和力量较量的交互作用结果，可视作行动者网络实现转译的产物或效应。行动者指参与地方实践过程中的自然和社会的所有因素，在喀斯特高原峡谷区花椒产业重振过程中，涉及的人类行动者主要包括花江镇政府、坝山村村委会、专业生产大户、普通花椒农户、外商；非人类行动者主要包括花椒产业、花椒丰产技术、喀斯特石漠化环境。行动者网络的形成过程需要借助"问题呈现、利益赋予、征召、动员"的转译程序，重新界定行动者各自身份和行动逻辑，实现各个行动者身份的转化和重组，建立动态的合作网络关系。

　　1. 问题呈现　在花椒产业重振之前，每个行动者都各自有不同的利益目标，并且都面临着各自的问题障碍（图 3-2），"问题呈现"是明确各个行动者的利益目标以及达成目标所需克服的问题障碍的过程，使不同行动者关注的对象问题化，通过各自问题的解决，结为利益联盟。

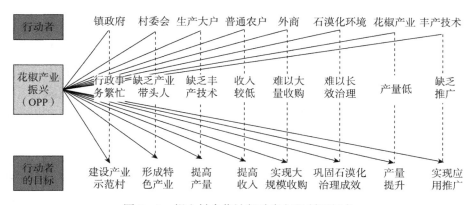

图 3-2　坝山村合作社行动者与强制通行点

　　（1）生产大户。花椒生产大户深信花椒产业是实现产业致富的绝佳机会，生产大户多年来持续探索提高花椒产量的方法，迫切希望扩大生产规模，振兴花椒产业。生产大户实现目标的障碍是缺乏技术和政策支持。

（2）花江镇政府。花江镇政府有带领本镇所属各村实现产业发展的行政任务，在国家乡村振兴战略部署下，花江镇政府的愿景为振兴各村的花椒产业，建立花椒产业示范村。花江镇政府实现目标的主要问题障碍为行政事务繁杂，分摊到各村产业发展的时间精力有限。

（3）普通农户。普通农户期望学习丰产技术，提高收入，并实现就地务工。普通农户实现目标的主要问题障碍为花椒产量低，缺乏丰产技术和深加工设备，未实现规模化经营，未建立稳定的销售渠道。

（4）坝山村村委会。村委会需要完成上级政府部门安排的各项产业任务，村委会期望振兴本村花椒产业，将坝山村建成产业示范村。村委会实现目标的问题障碍为缺乏专门的产业带头人，以全面落实花椒产业重振工作。

（5）外商。外商以来自重庆收购花椒的商人为代表，他们认为坝山村的花椒麻味足、品质高，外商希望在坝山村大量收购花椒。外商实现目标的问题障碍为花椒产量低。

（6）喀斯特石漠化环境。喀斯特石漠化环境为花椒产业的发展提供了先决条件，当地独特的干热河谷气候为花椒产业的发展提供了充足的热量，但降水量不足制约着花椒产业的发展，喀斯特石漠化治理成效急需得到巩固，而巩固治理效果的有效方式是将生态效益转化为经济效益，实现当地百姓的生计转变，减少对石漠化地区资源的过度利用。喀斯特石漠化治理成效巩固的障碍为土地产出率低，导致农户为提高经济收入过度利用环境资源，难以恢复生态。

（7）花椒产业。花椒产业作为当地长期经营的特色产业，是实现产业振兴的基础条件，它的能动性主要体现在让老百姓看到收入提升的希望，促使当地农户改进花椒管护技术、开拓外部市场。花椒产业振兴的主要障碍在于花椒产量显著下降。

（8）花椒丰产技术。花椒丰产技术可以显著提高花椒树的产量，其能动作用主要体现在它能显著提高花椒种植户振兴花椒产业的积极性。花椒丰产技术实现其价值的障碍在于缺乏推广示范。

以上行动者中，解决自身问题诉求最大的行动者，最有可能成为引导行动者网络联盟建立的关键行动者。专业生产大户期望提高花椒产量，扩大花椒产业的生产规模，提高产销能力，获得更多收入，是最有意向重振花椒产业的行动者，通过花椒产业的振兴能够获得政策、资金、劳动力、产业基础设施建设等支持，能够有效达成其自身无法实现的目标。专业生产大户长期积极探索花椒丰产技术、扩展销售渠道，对花椒产业振兴有强大的引领、带动作用，可确定为核心行动者。

解决上文中各个行动者的问题障碍并实现各自的目标利益，需确定一个共同目标，这个共同目标为强制性通行点（OPP），该目标通常具有较强的统领性，通过它的达成，能够实现各个行动者自身的意图。核心行动者的目标为"提高花椒产量、扩大生产规模，实现花椒产业的振兴"，该目标的实现能够达成各个行动者自身的目的，被确定为行动者网络的强制性通行点（OPP）。

2. 利益赋予　为实现花椒产业重振的共同目标，在利益赋予阶段，需要实现所有行动者的预期利益及目标的转译，这个过程需要核心行动者通过引导来完成，将各个行动者的利益与花椒产业重振这个共同目标有效协调，让各个行动者明确在网络中需发挥的作用以及扮演的角色，尤其是明确能够获得的利益，从而调动行动者实现共同目标的积极性。

专业生产大户以发展花椒产业共同致富的愿景来引导其他人类行动者，将所有行动者的利益协同到花椒产业重振的网络中。花江镇政府已完成上级部门要求实现乡村振兴的硬性任务，具有扶持乡村发展特色产业的意愿。村委会需要完成发展特色产业、帮助村民在地就业等工作任务，花椒产业重振能有效达成这些目标，因此村委会支持花椒产业的重振。生产大户利用花椒产业能够带来的好处吸引当地农户参与行动，承诺积极参与的农户能够免费学习花椒丰产技术，并优先雇佣他们在花椒地务工；花椒产业重振能够满足外商大量收购花椒的需求，因此外商愿意提供支持。

非人类行动者在花椒产业重振过程中与人类行动者联结，提供先决发展条件，对花椒产业重振形成制约或促进等能动作用。同时，花椒产业重振能够实现喀斯特石漠化环境治理效果的巩固，花椒丰产技术得以推广，花椒产业在重振中实现价值提升。利益赋予为各个行动者创造了美好愿景，使花椒产业重振的目标得到广泛认同。

3. 征召　指为达到共同目标，各个行动者被确定可以接受的任务，采取相应的行动，促进网络联盟的形成。专业生产大户在征召环节中起了重要作用，通过满足各个异质行动者的各自利益诉求调动积极性，确定各个行动者的任务，从而建立行动者网络（图3-3）。

生产大户建立合作社，对普通农户进行花椒科学管护及丰产技术的培训，为普通农户提供深加工以及保底收购的服务。当地农户被征召做花椒管护、采

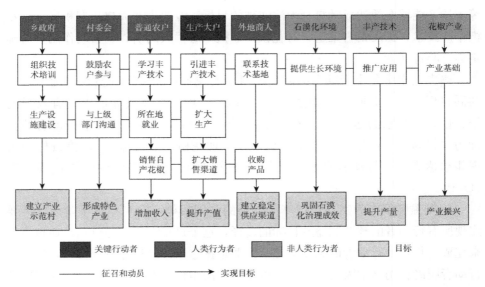

图 3-3　关岭曾德春花江种植农民专业合作社的行动者网络形成过程

摘、加工等工人，他们向生产大户学习花椒丰产技术，使用生产大户提供的工厂和设备进行花椒深加工。村委会为了支持花椒产业的发展，响应生产大户的需求，积极与上级部门对接，解决灌溉用水问题，同时召开村民大会，提高村民对花椒改良技术的认识，调动村民参与花椒生产的积极性。花江镇政府被征召为灌溉水池、提水泵等基础设施的建设者，并负责落实省外丰产技术培训工作以及花椒产业宣传工作。外商主要任务是对接省外产业技术基地，并收购花椒。

4. 动员　指行动者对花椒产业重振中所分配任务的接受程度及完成情况。如果行动者网络中所有行动者都能对"征召"中分配的任务达成共识并积极完成，就意味着基本形成了动态的产业网络联盟。

花椒产业重振过程中，各个行动者的具体任务在不断发生变化，产业发展出现瓶颈时，生产大户积极与其他行动者沟通共同解决问题。由于所在区域为喀斯特干热河谷地带，常年缺水，为解决花椒灌溉用水问题，生产大户组织坝山村农户联名写灌溉用水设施申请，由于修建水池需要的资金量过大，村委会与镇政府协商后，将该申请逐级向上级部门上报，最终由贵州省水利厅批复拨款 80 万元修建了 4 个农用灌溉水池和两级提水泵，从北盘江提水用于花椒灌溉，解决了花椒的灌溉用水问题。在花椒灌溉用水问题的解决过程中，生产大户发挥了牵头作用，普通农户在联名申请书上签字表示支持，村委会及镇政府迫于群众压力，积极与上级有关部门沟通协调，最终在多方行动者的共同努力下解决了花椒灌溉用水问题，充分发挥了各个行动者的能动性，并在互动中形成合作网络。

花椒产业衰退阶段出现了花椒严重减产的问题，急需提高花椒产量。在提高花椒产量的过程中，外商向生产大户提供了丰产技术学习的渠道，发挥了桥梁作用，生产大户前往四川花椒产业基地学习丰产技术，并将该技术引进坝山村。普通农户在看到丰产技术的提升效果后，便主动加入花椒产业重振的队伍，积极学习丰产技术，同时，可以免费使用政府修建的花椒灌溉设施以及生产大户的加工设备。各行动者充分发挥自身能动性，各个异质行动者之间建立了动态稳定的网络关系。

尽管坝山村花椒产业重振目标的实现依赖于行动者的集体行动，但行动者在网络中的行为却因角色不同而有差异。生产大户是推动花椒产业重振的关键行动者，而推动生产大户重振花椒产业的核心驱动力是什么、各个行动者之间是如何互动的、非人类行动者如何发挥能动作用、花椒产业重振如何影响喀斯特石漠化治理成效的巩固？以及花椒产业得以重振的本质原因都值得深入探讨。

第一，生产大户靠花椒产业谋生的目标利益，使其成为坝山村花椒产业重振的关键行动者，他们在整个转译过程中扮演了重要角色。他们比其他行动者更加迫切地希望将花椒产业发展壮大，花椒产业重振能够使他们成为最大的获益者，凭借自身力量无法实现产业重振的目标，通过借助政府、外商、其他农户的力量得以实现。花江镇政府和村委会等行动者虽然也有振兴花椒产业的意愿，但是更多是出于行政工作任务的驱动，政府及村委会的工作人员本身并没有直接的利益诉求，可见乡村产业发展的核心动力依然是行动者自身的经济利益。虽然，产业重振中存在"精英捕获"的情况，生产大户成为最大的获益者，但不可否认的是花椒产业的重振的确给当地农户带来了实惠。在奥尔森的集体行动理论中，集体行动的实现需要激励机制（曼瑟尔，1995），集团中的成员实现自身利益具有很强的积极性，因此成员的自身利益与集体利益趋于一致，能够充分调动成员的积极性，有利于集体目标的达成（任笔墨 等，2020）。因此，在乡村产业发展中应充分考虑"行动者"的利益诉求与集体目标的契合度，这样能充分调动"行动者"的能动性，更容易实现共同目标。

第二，各个行动者在互动中逐渐形成网络，在网络形成过程中，生产大户动员各行动者解决花椒灌溉用水问题，普通农户的作用是在联名申请书上签字表示支持，村委会及镇政府迫于群众压力，积极与上级相关部门协调，最终在多方的共同努力下解决了花椒灌溉用水问题。这个过程实现了行动者之间的互动，在互动中逐渐形成网络。可以看出，该网络的形成是一个自下而上的过程，生产大户通过游说和利益引导得到其他农户的支持，农户共同的诉求推动了村委会的行动，村委会进一步推动镇政府、县水利局等上级行政部门做出贡献。在我国以往的乡村产业发展中，大部分是在行政力量的领导下，通过自上而下的方式开展乡村产业发展，最典型的代表是依托村委会建立的村集体带动型农民合作社，这种政府主导的模式具备自身优势，但容易使农户处于从属地位，难以调动农户的内生动力，一旦政府扶持力度下降，产业难以依靠农户的自身力量持续发展。本文中的产业发展模式为自下而上的过程，具备很强的内生动力，能够自发的整合各方资源实现自身发展，可在乡村振兴过程中发挥强大的动力，应予以更多关注。

第三，产业重振过程除体现了人类行动者的能动性之外，环境、产业本身等非人类行动者在产业重振中同样重要。非人类行动者在产业重振中发挥了牵引、制约、促进等能动作用。花椒丰产技术作为非人类行动者，让农户看到提高花椒产量提升收入的希望，提升当地农户重振花椒产业的积极性，促使其积极加入花椒产业重振的队伍。喀斯特环境为花椒产业重振提供了生产条件，但该地区的降水量制约了花椒产业的发展，促使农户去解决灌溉用水问题。花椒丰产技术通过提高花椒树的产量，提升花椒种植户振兴花椒产业的积极性。

第四，花椒产业的重振从生产、生活、生态三个方面有效提升了石漠化地区老百姓的生活质量，缓解了人地矛盾，对石漠化治理成效的巩固具有积极意义。花椒产业重振过程中人类行动者与非人类行动者的互动过程，使人地环境中涉及的各项要素形成一个有机动态的网络，石漠化地区的人地矛盾在这一动态网络中得以调和。以种植花椒经济林代替传统玉米，显著减少土地翻耕，有效减少了石漠化地区的水土流失，增加喀斯特石漠化地区的土被覆盖度，有效改善了喀斯特地区生态环境；花椒产业重振实现当地农户在地就业和增产增收，显著改善农户生计，稳定了石漠化地区的产业形式，使石漠化治理的生态成效有效转变为经济效益，进而提升了农户的生活质量，缓解了石漠化地区的人地矛盾，有效巩固了石漠化治理成效。

第五，喀斯特石漠化地区产业重振的核心驱动力是可持续的利益生产能力。本地特色花椒产业的振兴，使原本衰败的产业实现重振，提高了花椒的经济价值，成功将喀斯特石漠化治理成效转化为经济效益，为喀斯特石漠化地区特色产业的发展提供了可参考的路径。花椒产业是在行动者各自的利益驱动下得以振兴，在形成网络中各自发挥作用而最终实现，但产业发展的本质是建立在利益生产能力的基础上，可持续的利益生产能力是产业发展的命脉所在，行动者将原本未利用的资源，通过各自的行动加以盘活形成以当地特色优势产业为基础的利益生产能力，最终成为一个动态的网络联盟。

三、喀斯特高原山地农民合作社驱动生态产业的过程及机制

（一）喀斯特高原山地农民合作社案例介绍

高山肉牛养殖产业是毕节撒拉溪研究区的特色优势生态产业，该区域具有多年的高山肉牛养殖传统，肉牛养殖为当地农民合作社最愿意选择的生态产业类型。通过对研究区农民合作社的摸底调查与综合考量，选取具备一定规模，涉及人员较为广泛的七星关区撒拉溪众发畜禽养殖合作社作为案例点，该合作社具备研究区合作社的典型特征，适合用于阐述喀斯特高原山地农民合作社驱动生态产业发展的过程及作用机制。

七星关区撒拉溪众发畜禽养殖合作社位于毕节撒拉溪示范区冲锋村，初期投入资金为350万元，资金来源主要有合作社成员出资、中央扶贫资金、小额信贷资金、村集体资金等；合作社聘用固定工人5人，共计参与农户为76户，其中45户为贫困户享受中央产业扶贫资金，并将产业扶贫资金入股合作社发展产业，38户以小额信贷资金参与合作社。合作社养殖肉牛100头，通过购买仔牛育肥后销售的方式盈利，2018年合作社盈余30万元。

（二）喀斯特高原山地农民合作社驱动生态产业发展的作用机制分析

为了深入了解该合作社驱动生态产业发展的过程及作用机制，借助行动者网络理论中"问题呈现、利益赋予与征召、异议以及形成利益联盟"四个环节来阐释七星关区撒拉溪众发畜禽养殖合作社实现肉牛养殖产业发展的过程及机制。

1. 问题呈现　首先，明确网络涉及的主要行动者，并将不同行动者关注的目标问题化。七星关区撒拉溪众发畜禽养殖合作社的形成与发展过程涉及七星关区扶贫办、村委会、生产大户、普通农户、贫困户五类人类行动者，以及资本、市场信息两类非人类行动者。转译前，各行动者面临各自的问题障碍（图3-4），各个行动者需要通过强制通行点，完成共同目标，从而突破各自

面临的问题障碍，实现自身的目的（Callon，1986）。

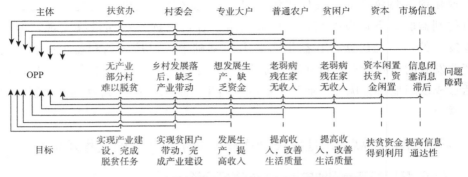

图 3-4　冲锋村养殖合作社行动者与强制通行点

（1）扶贫办期望小额信贷资金和产业扶贫资金能够投入产业中，带动贫困户发展；

（2）生产大户希望整合农户的资金和人力发展生态肉牛养殖产业；

（3）贫困户期望将小额信贷资金与产业扶贫资金投入生态产业中，实现增收；

（4）普通农户期望通过合作实现增收和当地务工的机会；

（5）村委会期望在村里发展生态肉牛养殖产业示范基地；

（6）资本为农民合作社实现生态产业发展提供了先决条件；

（7）牛市信息的动态变化对其他行动者的决策、行动具有显著牵引、制约作用。

各行动者的共同目标是发展肉牛养殖产业，实现共益增收，这一共同目标成为利益联盟形成的强制通行点（OPP）。为实现共同目标，各个行动主体寻求合作，整合各方资源，通过互动、合作，形成利益联盟，并在这一过程中实现各自期望的目标。

2. 利益赋予与征召　利益赋予阶段，通过给予各异质行动者所期望的利益，促使其有动力为实现共同目标作出努力。普通农户在合作社实现生态产业发展的过程中能够得到更多技能培训、提高收入（黄胜忠 等，2009）。生产大户通过合作社发展生态产业能够扩大生产规模，提高产销能力，提高收益（黄胜忠 等，2009），获得政策资金支持。扶贫办能够结合合作社发展的产业更有效地完成脱贫攻坚、产业扶贫等工作目标。村集体在该过程中建设本村的示范产业，帮助本村农户就近务工。资本与市场等非人类行动者在利益联盟形成过程中与人类主体形成联结，它们提供先决发展条件，促使当地生态养殖产生规模效应，为产业发展的决策、运营提供能动性影响。

　　通过赋予各异质行动者所期望的利益，鼓励行动者积极响应，分配给各个行动者所能接受的任务，以达到共同目标。贫困户通过产业扶贫资金或者借入小额信贷资金入股合作社，部分农户自筹资金加入合作社，获得分红以及在合作社务工的机会；生产大户接受村委会的委派成立养殖合作社，得到相关政策资金支持，扩大生产规模，提高产销能力；扶贫办通过合理利用国家政策和扶贫资金，通过合作社实现产业发展，带动贫困户脱贫致富；村委会召开村民大会，提高农户对生态肉牛养殖产业的认识，调动村民参与积极性，建立生态肉牛养殖产业示范基地。

　　3. 异议　异议指网络形成过程中，各行动者之间可能存在的争议（王鹏飞 等，2017）。该利益联盟的形成过程中，生产大户与贫困户之间出现异议（图3-5）。合作社启动资金来源于中央产业扶贫资金、小额信贷资金、村集体资金，利益分配中，以初期约定的保底分红方式支付给贫困户、普通农户和村集体。由于部分贫困户通过小额信贷资金加入合作社，小额信贷资金每年需要定期向银行返还本金。因此，每年到还款期，合作社不得不将运营成本用于还款，或通过大量卖未成熟的肉牛筹齐还款金额。其间，仍然出现未能按期还款的情况，导致贫困户与合作社理事长的矛盾尖锐。合作社由于大量卖未成熟的肉牛和运营资金链断裂等问题，造成巨大损失。

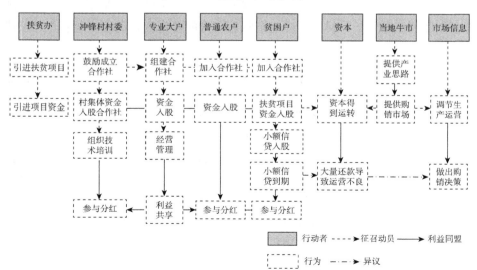

图3-5　冲锋村合作社的行动者网络形成过程

在利益联盟形成的过程中，争议的解决是其持续推进的前提。2019年合作社通过减少农户小额信贷资金的使用，缩小养殖规模等方式，逐步调整，解决问题，保证了合作社的正常运营。异议的有效解决促使行动者网络结构重组，进而明晰各个行动主体的在合作中所起到的作用，更加清晰各自的任务，最终实现共同目标。

4. 形成利益联盟 村委会的统筹指导在各行动者的互动中起到了有效的正面引导作用。通过人员培训、协调扶贫资金等多种方式，村委会有效帮助各行动者提高能动性，进而推动利益联盟的形成（图3-5）。村集体请县畜牧兽医所技术人员解决肉牛养殖的技术问题，并开展技术培训，带动当地农户养殖肉牛，同时为合作社提供了有效的供应链。通过这些措施，帮助合作社更快地适应市场，保证肉牛养殖产业的稳定开展。

七星关区撒拉溪众发畜禽养殖合作社实现肉牛养殖产业的过程充分调动了冲锋村的生产资源，并与养牛市场等外部环境发生了物质交换，形成一个与外部环境有物质能量交换的动态网络联盟。该合作社实现生态肉牛养殖产业发展的过程中，人类行动主体如村集体、普通农户、生产大户等各自为实现自身利益，完成合作生产中相应的任务。资本、牛市信息等非人类行动主体成为合作社实现生态肉牛养殖的先决条件，成为合作社发展肉牛养殖产业的基础，它们对人类行动者的决策、行动等产生了制约、牵引等能动性作用。在该合作社实现生态产业发展的初期，因当地居民知识水平以及意识较为薄弱，村集体作为养殖合作社的推动者，应当做好发展规划以及人才引进与培养等相关工作。随着合作社的稳定成长，村集体应逐渐降低自身的参与度，促使当地农户逐渐成为生态产业的经营主体。

四、喀斯特高原槽谷农民合作社驱动生态产业发展的过程及机制

（一）喀斯特高原槽谷农民合作社案例介绍

施秉喀斯特研究区，雨量充足，土地质量好，传统农业生产基础良好，具备发展粮食、蔬菜种植和畜禽养殖等多种生态产业的条件。通过对研究区农民合作社的摸底调查与综合考量，本文选取规模较大，带动农户广泛，涉及多种传统生态产业的盛家铺乡村经济发展农民专业合作社作为案例点，该合作社运营良好，发展的产业具备该区特色，适合用于阐述喀斯特高原槽谷地区农民合作社驱动生态产业的过程及作用机制。

盛家铺乡村经济发展农民专业合作社位于施秉研究区城关镇白塘村，合作社成立于2017年，主要产业有虫草鸡、大米、油菜、马铃薯、香菇、甘蓝、

生猪，该合作社涉及产业类型较多，类似于一个小型生态产业园。合作社设置理事会，理事会作为协调、管理机构，统一管理下属三个产业小组。三个产业小组分别经营：虫草鸡，精品粮食、蔬菜，生猪。各产业小组独立运营，自负盈亏，各项产业盈余的5％交给合作社理事会，剩余部分由各产业小组成员按股分红。该村大部分农户自愿加入合作社，对当地农户的带动效果显著，具体的带动主要体现在技术培训、观念更新、就近务工、外出考察学习、经济收益提升等方面。

（二）喀斯特高原槽谷农民合作社驱动生态产业发展的作用机制分析

通过行动者网络理论中"问题呈现""利益赋予与征召""异议"和"形成利益联盟"四个转译环节，阐释盛家铺乡村经济发展农民专业合作社实现生态产业发展的过程及作用机制。

1. 问题呈现　"盛家铺乡村经济发展农民专业合作社"各行动主体所要解决的共同问题是如何统筹资源，发展生态产业实现共益增收。为实现这一共同目标，村集体成为核心行动者，鼓励生产大户成立合作社（图3-6）。村集体希望在本村建立生态产业示范基地，带动本村农户增收，实现生态产业致富。生产大户原本为虫草鸡养殖大户，他希望拓展产业类型，建立蔬菜、大米种植和畜禽养殖等多产业协同发展的产业园，但由于缺乏资金，自身难以实现产业类型的拓展。

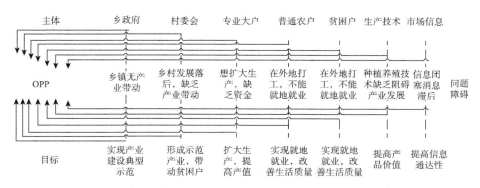

图3-6　盛家铺乡村经济发展农民专业合作社行动者与强制通行点

该研究区在外务工农户较多，撂荒地逐年增加，当地农户希望乡政府统一流转土地，实行规模经营，一方面，农户闲置的土地能够得到有效利用，获取较高的土地流转费用；另一方面，农户自身能在政府经营的生态产业园区就近务工，增加收益。普通农户和贫困户希望通过合作生产，能够利用产业扶贫资金投入生态产业发展中得到分红，并实现就近务工。非人类行动者主要有土地、生产技术、市场信息，它们是合作社实现生态产业发展的先决条件，既是利益联盟形成的基础，同时在与人类行动者的互动中，对人类行动具有制约、促进等能动性影响。综合性合作社的形成能够实现本村的生态产业发展，带动普通农户和贫困户增收，同时解决农户在当地就业和就近务工的问题。

2. 利益赋予与征召　通过给予异质行动者所期望的利益，调动行动者的积极性，促进行动者完成相应的任务，从而实现发展产业，提高收入的目标。村集体希望通过建立合作社，整合人力、财力、物力等资源，充分利用撂荒土地，发展生态产业，带动当地百姓增收。通过村集体的征召，赋予各行动者期望的利益。生产大户希望扩大生产规模，在扩大虫草鸡产业规模的同时，发展粮食、蔬菜种植和生猪养殖等产业；村集体召开村民动员大会成立合作社，推选生产大户担任理事长，租赁当地农户的土地进行精品蔬菜、优质大米的生产，发展生猪养殖产业，并开展虫草鸡的养殖。为了充分调动普通农户和贫困户的积极性，特实行各个产业小组收益由小组内部分红的利益分配形式。合作社设 3 个产业小组，分别为生猪养殖组、虫草鸡养殖组、精品粮食蔬菜生产组，不同产业小组的支出、资金安排、收益分配由该产业小组自行决定，这样的自负盈亏的方式显著提高了各产业小组成员的积极性。

普通农户和贫困户加入合作社，贫困户通过小额信贷资金或产业扶贫资金入股合作社，作为合作社的股东，参与生产、管理、决策。乡政府按农户需求聘请专业技术人员开展各种生态产业的培训。市场信息在具体产业的选择和投资中发挥调控作用。由于各行动者都得到了各自期望的利益，因此，充分调动了他们实现目标的积极性，各个行动者基本能主动完成各自的任务。

3. 异议　在"盛家铺乡村经济发展农民专业合作社"组织运行初期，农户在产业选择和利益分配方面出现异议（图 3-7）。合作社由多个产业小组组成，规定一户家庭只能选择参与一个产业小组，部分农户选择的产业经营效益好，在产业小组自负盈亏的情况下，投资入股该产业的农户得到的分红就相对较多。然而，所选产业亏损的小组成员，因为没有分红而对合作社的利益分配方式产生异议。以 2018 年为例，2018 年猪价很高，生猪养殖产业小组每个成员得到的分红达到 8 000 元以上；精品蔬菜粮食生产小组，种植平头甘蓝等蔬菜，2018 年受旱灾影响，产量和品质严重下降，该产业小组成员没有得到分红，并且亏损严重。这样的情况下，该小组成员对合作社的产业选择和利益分配方式产生异议。

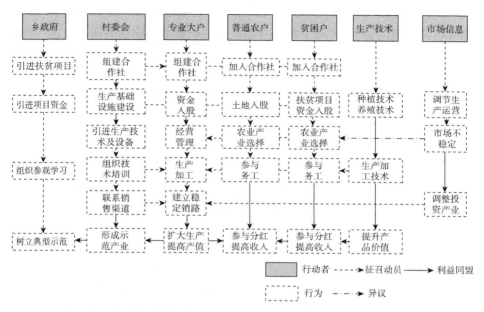

图 3-7　盛家铺乡村经济发展农民专业合作社的行动者网络形成过程

4. 形成利益联盟　村集体通过开展培训、协调扶贫资金等形式，有效地提升了各个行动者的能动性，最终逐渐形成利益联盟。村集体与产业选择失败的小组商量下一年的产业项目，并投入资金支持发展。乡政府积极引进产业发展项目，为合作社建立厂房，提供基础设施建设，同时积极为合作社联系销售渠道，与当地的学校、企业食堂建立稳定的供销关系，形成订单生产，保证合作社产品的销售。合作社为各行动者带来了各自期望的利益，并因此调动了各个行动主体的积极性，在相互协调合作的过程中，逐渐解决了初期的矛盾和争议，各异质行动者相互配合协商形成利益联盟。

"盛家铺乡村经济发展农民专业合作社"实现生态产业发展的过程，充分调动了所在村的生产资源，形成一个与外部环境有物质能量交换的合作生产空间。非人类行为主体为合作社的成立提供了产业发展基础：产业技术使各种生态产业的发展成为可能；市场信息对人类行动者的决策、行动具有能动性的作用。合作社各主体之间通过频繁互动实现资源整合，各主体为达到各自的目的最终实现生态产业发展。在"盛家铺乡村经济发展农民专业合作社"实现生态产业发展的过程中，人类行动主体如乡政府、村集体、普通农户、生产大户等各自为实现自身的利益，完成相应的任务。该合作模式，是合作社发展多种产业的有益尝试，该过程很好地规避了"搭便车"现象，跳出"集体行动困境"，充分调动了各个行动主体的积极性，成功实现了生态产业的发展。

第二节　石漠化治理中农民合作社驱动
生态产业发展的作用机制

通过三个研究区案例合作社驱动生态产业发展过程及机制的探索，阐明了喀斯特石漠化地区农民合作社驱动生态产业发展的过程是在多种力量综合作用下的必然结果，人类行动者与非人类行动者共同联结而成的异质性行动者网络是其形成的基础，利益生产能力是农民合作社中所有行动者实现生态产业发展的重要动力来源。

农民合作社驱动生态产业发展是由镇政府、村集体、能人大户、普通农户、公司等人类行动者，与喀斯特石漠化环境、生态产业、资本、技术、市场等非人类行动者协同作用形成，人类行动者与非人类行动者都有各自想要达成的目标，通过生态产业的发展能够实现各自的目标。

图3-8为石漠化治理中农民合作社驱动生态产业发展过程中可能涉及的主要的人类行动者与非人类行动者，以及各个行动者各自想要实现的目标和可能面临的困难。不同组织类型的合作社涉及的行动者不同，每个行动者在实现生态产业过程中扮演的角色也各不相同，但其本质都是各个行动者通过实现生态产业的过程中，扮演各自的角色，实现生态产业的发展，而最终达成各自的目的，例如，能人大户显著提高产量，普通农户提高收入等。

尽管生态产业的发展依赖于行动者的集体行动，但行动者在网络中的行为却因角色不同而有差异（图3-9）。各个行动者凭借自身力量无法实现的目标，通过借助其他行动者的力量得以实现，这个过程实现了行动者之间的互动，并在互动中逐渐形成合作网络。生态产业发展过程除体现了人类行动者的能动性之外，环境、产业本身等非人类行动者在产业重振中同样重要，非人类行动者在产业重振中发挥了牵引、制约、促进等能动作用。

农民合作社驱动生态产业发展的过程中，人类行动者与非人类行动者的互动使人地环境中涉及的各项要素形成一个有机动态的网络，石漠化地区的人地

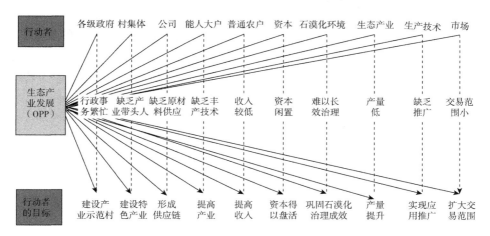

图 3-8　农民合作社驱动生态产业发展中行动者的目标与强制通行点

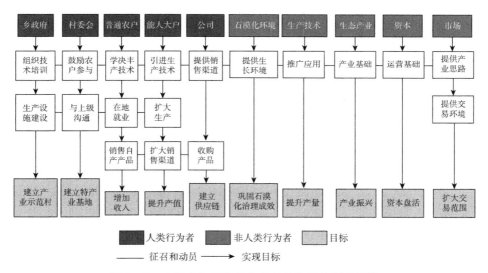

图 3-9　农民合作社实现生态产业发展的驱动过程

矛盾在这一动态网络中得以调和。例如，以种植花椒经济林代替传统玉米，显著减少土地翻耕，有效减少了石漠化地区的水土流失，增加了喀斯特石漠化地区的土被覆盖度，有效改善了喀斯特地区生态环境；另外，发展生态产业帮助当地农户实现就近就业或务工、增加收入，从而改善农户生计，稳定了石漠化地区的产业形式，使石漠化治理的生态成效有效转变为经济效益，进而提升了农户的生活质量，缓解了石漠化地区的人地矛盾，有效巩固了石漠化治理成效。

　　生态产业是在行动者各自的利益驱动下得以发展，在形成网络中各自发挥作用而最终实现，因此，生态产业发展的本质建立在利益生产能力的基础上，可持续的利益生产能力是产业发展的命脉所在，农民合作社中的各个行动者将原本未利用的资源，通过各自的行动加以盘活形成以当地特色优势产业为基础的利益生产能力，最终成为一个动态的利益联盟。

第四章

石漠化治理中农民合作社驱动生态产业发展的效果提升机制

根据喀斯特石漠化治理中现有农民合作社带动生态产业发展效率不高的问题，基于"三重底线"理论建立绩效评价模型，对研究区选取的农民合作社的经济、社会、生态方面的绩效进行评价，分析影响其绩效差异的原因；并基于资源依赖理论建立影响因素评价模型，探究农民合作社驱动生态产业发展的影响因素，并采用二元 Probit 模型，阐明不同资源组合因素对农民合作社驱动生态产业发展的影响。根据绩效评价结果与驱动产业发展影响因素的综合考量，提出农民合作社实现生态产业发展的效果提升机制，这一科学问题的解决将为石漠化治理中农民合作社驱动生态产业发展的效率提升以及模式构建提供理论依据。

第一节　石漠化治理中农民合作社驱动
生态产业发展的绩效研究

一、研究假设与理论分析框架

为了给喀斯特石漠化治理中农民合作社驱动生态产业发展提供参考，对农民合作社的绩效研究不能局限于经济绩效，还需要重点关注农民合作社对石漠化治理区的生态环境保护绩效以及就业带动、农户能力提升等社会绩效，从经济、社会、生态三个方面进行综合考量。

评价组织的经济、社会、生态综合绩效的经典理论是英国学者 Elkington（1997）提出的"三重底线"理论。该理论的出发点是经济组织在自身发展过程中，需同时满足经济、环境以及社会三方面的均衡发展，所有的经济组织都要实现经济、社会和环境"三重底线"的根本要求（李章华，2008；赵佳荣，2009）。另外，该理论也表明：在强调经济绩效的同时，还应关注其环境和社会绩效。因此，在石漠化治理区开展农民合作社"三重绩效"评价应注重农民合作社发挥经济、社会和生态功效（赵佳荣，2009）。

针对喀斯特石漠化治理区农民合作社产业发展的实际情况，在研究区选取驱动生态产业发展并连续两年获得收益的 6 个案例合作社，借鉴"三重绩效"评价的研究成果（孟建民，2002；温素彬 等，2005；赵佳荣，2010），形成具备喀斯特石漠化治理区特色的农民合作社的绩效评价模型，构建"三重绩效"评价指标体系，对案例合作社开展绩效评价研究。

二、指标体系构建

（一）经济绩效评价指标及其重点

作为为成员服务为主的"特殊企业"，农民合作社首先是一个经济实体，因此必然要重视经济绩效的提升。对经济绩效的度量应从规模、质量、速度和效益等方面展开。

1. 合作社的经营规模 由于在喀斯特石漠化地区，大多数农民合作社仍然处于发展的初级阶段，导致大部分农民对合作社持观望态度，合作社的人员数量和规模普遍较小，故规模效益偏低。基于此，在评价合作社规模时，主要选取了社员数量、合作社年总产值以及社员出资总额等指标。社员数量是对合作社的社会规模的一种体现，本研究中以 2019 年和 2020 年登记的平均社员数为据。合作社年总产值取 2019 年和 2020 年的平均值，主要反映合作社年生产经营规模。社员出资总额是指合作社成员出资量之和，该指标可用于反映社员的经济参与程度。

2. 合作社的经营效益 农民合作社是社员利益的联合体，农民合作社的经营效益不仅要考虑合作社的收益，还应突出社员通过合作社获得的收益（赵佳荣，2010）。其经营效益应重点考虑以下指标：合作社年盈余额、合作社产品销售总额、社员通过合作社获得的平均年收入（利润返还与股金分红等）。以上指标不仅能体现合作社经营效益，还能体现合作社对社员的经济带动效果。

（二）社会绩效评价指标及其重点

社会绩效评价旨在引导合作社注重社会责任，为喀斯特石漠化地区巩固拓展脱贫攻坚成果、实现乡村振兴做出贡献。

1. 对农业生产发展的贡献 农民合作社承担的社会责任主要是促进当地产业发展，帮助农民增收，因此，其社会绩效应当从促进农民增收和农村剩余劳动力就业等方面予以考察（赵佳荣，2010）。本文选取合作社聘请固定工作人员数量、合作社月均雇用临时工数量、统一销售的农产品总值作为评价指标，以体现农民合作社在解决农户就业、务工、产品销售、提高收入等农村重大社会问题方面的贡献。

2. 对社会事业建设的贡献　农民合作社需要承担起推进社会事业建设的责任。农民合作社受到表彰可以为当地生态农业产业发展起到模范带头作用，带动农户数量和技术培训则能够有效提升百姓素质，增加其发展产业的积极性，助推石漠化地区实现乡村振兴。因此，本文选取合作社获政府表彰次数、带动农户数、年技术培训次数、带动非社员农户数为指标，以体现合作社对推进社会事业建设的贡献。

（三）生态绩效评价指标及其重点

通过生态绩效评价引导喀斯特石漠化地区农民合作社既要追求代内公平，又要注重代际平等，努力将农民合作社建设成为环境友好型、资源节约型生产体系，进而促进喀斯特石漠化地区生态环境的改善以及可持续发展能力的增强。本文的指标选取，一方面重点参考赵佳荣于 2019 年提出的合作社综合评价指标体系，另一方面结合石漠化地区农民合作社的特点、数据采集的可行性、统计分析的可行性等进行综合筛选确定。

1. 环境保护指标　由于在喀斯特石漠化地区，农民合作社以农产品生产加工为主，因此，在环境保护绩效指标的选取方面重点考察绿色农产品、无公害农产品以及有机农产品等的生产量（赵佳荣，2009）。

2. 资源利用方面　农业资源利用方面的评价指标众多，本文的资源利用评价指标主要选取：土地复种指数、节水灌溉面积、农业有机废弃物利用率。

本文评价喀斯特石漠化地区农民合作社的综合绩效，该地区土地分散、坡耕地多、生产力水平偏低，结合喀斯特石漠化地区农民合作社的发展情况，基于该区农民合作社的综合调研，结合上述分析，最终选取 17 个指标（表 4 - 1）建立"三重绩效"评价模型，对年均收入、年技术培训次数等以年为统计单位的指标，统一采用 2019 年与 2020 年两年数据均值。该绩效评价模型分为三层：目标层、中间层和评价层。目标层即综合绩效。中间层包含经济绩效、社会绩效和生态绩效三项指标，其中经济绩效又可细分为经济规模和经济效益；社会绩效可分为对农村经济发展的贡献和对社会事业建设的贡献；而生态绩效则可细分为环境保护和资源利用两个方面。最后是评价层，该层包含了社员数量等 17 项指标（赵佳荣，2010）。

对案例合作社的原始数据（表 4 - 2）进行无量纲化处理，无量纲化处理结果见表 4 - 3，再通过熵权法计算得出各指标权重（表 4 - 4），计算步骤详见第二章研究方法部分。

表4-1 农民合作社"三重绩效"评价指标体系

目标层	中间层		评价层
	一级指标	二级指标	评价级指标
综合绩效 A	经济绩效 B1	经济规模 C1	社员数量 D1, 社员出资总额 D2, 合作社年总产值 D3
		经营效益 C2	合作社年盈余 D4, 社员年均收益 D5, 合作社产品销售总额 D6
	社会绩效 B2	对农村经济发展的贡献 C3	合作社聘请固定工作人员数量 D7, 合作社月均雇用临时工数量 D8, 统一销售的农产品总值 D9
		对社会事业建设的贡献 C4	合作社获政府表彰次数 D10, 带动农户数 D11, 年技术培训次数 D12, 带动非社员农户数 D13
	生态绩效 B3	环境保护 C5	无公害、绿色、有机农产品生产量 D14
		资源利用 C6	土地复种指数 D15, 节水灌溉面积 D16, 农业有机废弃物利用率 D17

三、实证结果分析

根据研究区涉及的143个农民合作社的调研结果,在三个研究区各自选择二个反响较好,并有效驱动了生态产业发展的农民合作社作为研究对象,为探索不同类型合作社的绩效,将合作社按领办主体划分为能人领办型、村集体带动型、企业引领型三种类型(黄胜忠等,2014;徐家琦,2007)。案例合作社涉及的产业类型、所在区域石漠化等级、合作社类型等统计情况见表4-2。通过对合作社所在乡镇政府、所在村村委会、合作社理事长、合作社社员及合作社周边非社员农户的访谈,并结合各个合作社文字材料的查阅,获取案例合作社绩效指标的原始数据(表4-3),处理得到无量纲化数据(表4-4),基于指标权重(表4-5)计算得到评价结果(表4-6)。

表 4－2　典型案例合作社

案例合作社	涉及产业	案例地石漠化等级	合作社类型
A. 关岭曾德春花椒种植农民专业合作社	花椒	高原峡谷中度-强度石漠化	能人领办型
B. 贵州省关岭山宝石种养殖专业合作社	牛、西红柿、四季豆、茄子、工业辣椒等	高原峡谷中度-强度石漠化	村集体带动型
C. 七星关区撒拉溪众发畜禽养殖合作社	肉牛	高原山地潜在-轻度石漠化	能人领办型
D. 毕节市七星关区撒拉溪镇龙场村玫瑰花合作社	玫瑰花	高原山地潜在-轻度石漠化	企业引领型
E. 盛家铺乡村经济发展农民专业合作社	大米、生态鸡、蔬菜	山地槽谷潜在石漠化	村集体带动型
F. 施秉县富源种植农民专业合作社为村集体合作社	食用菌	山地槽谷潜在石漠化	村集体带动型

表 4－3　研究区案例合作社绩效指标原始数据

			合作社代号					
		单位	A	B	C	D	E	F
合作社绩效指标	D1	个	5	47	13	79	52	38
	D2	万元	20	23.4	220	350	30.4	20
	D3	万元	50	3	45	60	15	3.1
	D4	万元	30	1.3	23	30	9.8	1.2
	D5	元	60 000	150	17 692	3 797	1 884.6	315
	D6	万元	50	3	45	60	15	3.1
	D7	个	0	2	9	5	8	10
	D8	个	15	22	14	19	21	16
	D9	万元	45	1.2	42.3	60	15	3.1
	D10	次	0	0	0	0	1	0
	D11	户	4	5	6	76	50	35
	D12	次	5	6	5	4	6	8
	D13	个	60	16	14	5	0	0
	D14	亩	0	30	90	30	70	30
	D15	—	1	1.5	1	1	1.5	1
	D16	亩	40	0	0	0	0	0
	D17	%	0	0	0	0	0	0

表4-4　研究区案例合作社无量纲化处理数据

		A	B	C	D	E	F
		\multicolumn{6}{c}{合作社代号}					
	D1	0	0.567 5	0.108 1	1	0.635 1	0.445 9
	D2	0	0.010 3	0.606 0	1	0.031 5	0
	D3	0.824 6	0	0.736 8	1	0.210 5	0.001 8
	D4	1	0.003 5	0.756 9	1	0.298 6	0
	D5	1	0	0.293 1	0.060 9	0.029 0	0.002 8
	D6	0.824 6	0	0.736 8	1	0.210 5	0.001 8
	D7	0	0.2	0.9	0.5	0.8	1
合作社绩	D8	0.125	1	0	0.625	0.875	0.25
效指标	D9	0.744 9	0	0.699 0	1	0.234 7	0.032 3
	D10	0	0	0	0	1	0
	D11	0	0.013 9	0.027 8	1	0.638 9	0.430 6
	D12	0.25	0.5	0.25	0	0.5	1
	D13	1	0.266 7	0.233 3	0.083 3	0	0
	D14	0	0.333 3	1	0.333 3	0.777 8	0.333 3
	D15	0	1	0	0	1	0
	D16	1	0	0	0	0	0
	D17	0	0	0	1	0	0

表4-5　农民合作社"三重绩效"评价指标的权重

目标层	一级指标	二级指标	评价级指标	评价级指标权重
综合绩效 A	经济绩效 B1 （权重：0.285 2）	经济规模 C1 （权重：0.137 9）	社员数量 D1, 社员出资总额 D2, 合作社年总产值 D3	0.025 1 0.075 0 0.037 8
		经营效益 C2 （权重：0.147 2）	合作社年盈余 D4, 社员年均收益 D5, 合作社产品销售总额 D6	0.035 6 0.073 8 0.037 8
	社会绩效 B2 （权重：0.345 6）	对农村经济发展的贡献 C3 （权重：0.083 5）	合作社聘请固定工作人员数量 D7, 合作社月均雇用临时工数量 D8, 统一销售的农产品总值 D9	0.021 5 0.028 3 0.033 6

（续）

目标层	一级指标	二级指标	评价级指标	评价级指标权重
综合绩效 A	社会绩效 B2（权重：0.345 6）	对社会事业建设的贡献 C4（权重：0.262 1）	合作社获政府表彰次数 D10，带动农户数 D11，年技术培训次数 D12，带动非社员农户数 D13	0.132 7 0.049 0 0.023 7 0.056 6
	生态绩效 B3（权重：0.369）	环境保护 C5（权重：0.022 5）	无公害、绿色、有机农产品生产量 D14	0.022 5
		资源利用 C6（权重：0.346 7）	土地复种指数 D15，节水灌溉面积 D16，农业有机废弃物利用率 D17	0.081 3 0.132 6 0.132 6

表 4 - 6　案例合作社的绩效评价结果

合作社名称	经济绩效	社会绩效	生态与环保绩效	综合绩效
A. 关岭曾德春花椒种植农民专业合作社	0.171 7	0.091 2	0.132 7	0.395 6
B. 贵州省关岭山宝石种养殖专业合作社	0.015 1	0.060 3	0.088 8	0.164 2
C. 七星关区撒拉溪众发畜禽养殖合作社	0.152 5	0.063 4	0.022 6	0.238 5
D. 毕节市撒拉溪镇龙场村玫瑰花合作社	0.215 8	0.115 9	0.140 2	0.471 9
E. 盛家铺乡村经济发展农民专业合作社	0.046 9	0.225 8	0.098 9	0.371 6
F. 施秉县富源种植农民专业合作社	0.011 5	0.074 6	0.007 5	0.093 6

（一）综合绩效分析

不同类型合作社的绩效评价结果（表 4 - 7）显示，能人领办型、村集体带动型、企业引领型三类合作社的综合绩效分别为 0.317 1、0.209 8、0.471 9。企业引领型合作社的综合绩效显著高于其他两类合作社，原因是企业引领型合作社有企业做后盾，拥有强大的资本，产业技术链较为发达，运营模式相对成熟，具有稳定的销售渠道，因此，表现出较高的综合绩效。能人领办型合作社的综合绩效水平次之，原因是能人领办型合作社的能人通常是生产大户，他们具有很强的主观能动性，有很强的致富意愿，因此，更能够充分利用各方资源，有效带领合作社更好地提升绩效。但是，能人领办型合作社通常有自身的局限性，由于主要是农户自组织形成的合作社，其资本、生产技术等资源相对缺乏，因此，其综合绩效不如企业引领型合作社。村集体带动型合作社综合绩效最低，合作社负责人一般是基层干部或当地政府部门的工作人员，由于不是农民自发组织建立，导致合作社发展的内生动力不足。另外，由于合作社的带头人通常为基层干部，行政事务繁忙，兼职做合作社的理事长，因此难以全身心地投入合作社的生产、运营、管理中，导致绩效偏低。

表4-7　不同类型合作社的绩效评价结果

合作社类型	经济绩效	社会绩效	生态与环保绩效	综合绩效
能人领办型（A\C）	0.162 2	0.077 3	0.077 6	0.317 1
村集体带动型（B\E\F）	0.024 5	0.120 2	0.065 1	0.209 8
企业引领型（D）	0.215 8	0.115 9	0.140 2	0.471 9

（二）经济绩效分析

据表4-7可知，能人领办型、村集体带动型、企业引领型三类合作社的经济绩效分别为0.162 2、0.024 5、0.215 8，企业引领型合作社的经济绩效最高，能够实现较好的经济绩效，其原因在于企业引领型合作社拥有强大的经济资本，相对成熟的运营模式以及稳定的销售渠道。能人领办型合作社以生产大户为带头人，合作社通常以生产大户发展的核心种植、养殖产业为依托，形成稳定的种植、养殖产业，从而带来经济绩效。村集体带动型合作社由于缺乏生产经验，暂时未形成成熟的运营模式，合作社还处于试错和初步探索阶段，因此形成的经济绩效相对较低。

（三）社会绩效分析

绩效评价结果（表4-7）显示，能人领办型、村集体带动型、企业引领型三类合作社的社会绩效分别为0.077 3、0.120 2、0.115 9，村集体带动型合作社的社会绩效最高，其原因是村集体带动型合作社由村委会牵头，村委会更加重视合作社对农户的带动，对当地农户就业情况的带动，以及通过技术培训等方式帮助周边农户提升自我能力等。其他两类合作社的社会绩效相对较低，其社会绩效方面的贡献主要体现在解决部分在地就业和务工方面。

（四）生态与环境绩效分析

据表4-6可知，能人领办型、村集体带动型、企业引领型三类合作社的生态与环境绩效分别为0.077 6、0.065 1、0.140 2，合作社的生态与环境绩效偏低，说明现阶段石漠化地区农民合作社对生态与环境方面的贡献还不足，需大力加强。从研究结果可以看出毕节市撒拉溪镇龙场村玫瑰花合作社与关岭曾德春花椒种植农民专业合作社的生态与环境绩效最高，分别为0.140 2、0.132 7。这与合作社经营产业选择的相关性较大，两个合作社分别经营花椒和玫瑰花，花椒为多年生特色经果林产业，玫瑰花为多年生生态花卉产业，两类产业均能够显著增加覆被面积,开展节水灌溉,在生态与环境保护方面具有先天优势。

三类农民合作社的绩效差异显著,但不同类型合作社具有其优缺点。企业引领型合作社的综合绩效最高,主要原因是该类合作社有企业支撑,拥有雄厚的资本和完善的产业链,但是,企业引领型合作社组建难度大,喀斯特石漠化地区发展生态产业的已初具规模的企业较为少见,因此,难以形成企业引领型合作社。能人领办型合作社的综合绩效较高,能人领办型合作社为农户自发组建,规模通常较小,但灵活性强,并具有较高的内生发展动力,是石漠化地区最常见的合作社类型。村集体带动型合作社综合绩效相对较低,但社会绩效最高,该类合作社通常由村干部担任理事长,其优势是能够快速地掌握国家政策,更容易获得国家政策资金等外部支持,此外,该类合作社通常把村里有意愿参与合作生产的农户都纳入其中,能够解决大量就业、在地务工等社会问题。

第二节 农民合作社驱动生态产业发展的影响因素

一、研究假设与理论分析框架

探索喀斯特石漠化治理中农民合作社驱动生态产业发展的影响因素,能够更有效地提升农民合作社驱动生态产业发展的效率,进而带动喀斯特石漠化地区生态产业的发展,有效巩固拓展脱贫攻坚成果并助力乡村振兴(曾艳 等,2021)。

现有研究已对影响合作社发展的因素做了多角度的探讨,指出成员、产品特征、生产集群、政策等是影响合作社发展的重要因素(黄祖辉 等,2002)。支农项目资金、政策资金、社会支农资金能充分调动农户合作发展产业的积极性(赵昂等,2007)。文化环境影响农民合作社的形成,我国传统文化中合作精神与契约精神的缺乏成为阻碍农户实现合作并共同发展生态产业的难点(孙亚范,2003)。政府对农民合作社的支持是其能实现产业发展的重要原因(苑鹏,2003),领办主体也是农民合作社实现生态产业发展的重要因素(李瑞英,2004)。另外,产品越有特色和比较优势,越能够激发农户合作并发展生态产业的积极性(张仁寿等,2003)。苑鹏(2006)认为一个地方是否拥有特色产业或主导产业是一个地方农民合作社实现产业发展的重要原因。综上所述,农民合作社实现生态产业发展,需要人力、资本、政策、自然环境等多种资源的支持,需从环境中获取多种资源,然而现有研究鲜少从内外部资源禀赋的角度探索农民合作社驱动生态产业发展的影响因素。

资源禀赋是农民合作社实现生态产业发展的重要前提,资源禀赋的异质性导致农民合作社驱动生态产业发展的效果存在差异，因此，本文根据资源禀赋结构，从资源禀赋视角研究多个资源因素在合作社驱动生态产业发展中的影响方向及程度。农民合作社将分散农户组织起来、共同面对市场、提高农户对接市场的能力，以应对单个生产者力量弱小的缺点。但农民合作社对生态产业的带动效果如何？关键影响因素有哪些？尤其是在地表破碎、土地分散的喀斯特石漠化地区，哪些因素影响了农民合作社驱动生态产业的发展？影响方向和效果如何？都需要深入探索，为石漠化地区农民合作社更好地驱动生态产业发展提供理论依据。

资源依赖理论的前提假设是任何组织都必须从环境中获取资源以维持生存，没有任何组织可以不依赖外部环境而独立存在。农民合作社驱动生态产业发展的过程，是农民合作社与外部环境进行互动，从外部环境中获取资源从而实现自身发展的过程，这一过程也使农民合作社对外部环境产生依赖。资源依赖理论将组织视为一个开放系统，与外界环境有着千丝万缕的联系，受外界环境因素的影响，认为组织与其环境之间存在互动关系。因此，依据资源依赖理论，本文认为农民合作社是一个开放系统，在选取衡量农民合作社带动生态产业发展的指标时，不仅要考虑合作社本身具备的内部资源指标，还要选取外部环境指标，共同构成农民合作社驱动生态产业发展的影响因素评价体系。

本部分在借鉴现有研究成果的基础上，结合资源依赖理论提出农民合作社是由自身拥有的资源状况特别是无形资产、理事长特征等人力资源状况和外部环境等资源共同决定，构建一个完整的理论分析框架，对农民合作社带动生态产业发展的复杂动因进行探究，以进一步提高理论解释力。同时，采用二元 probit 模型，对 3 个石漠化研究区涉及的 143 个农民合作社的统计数据进行分析，深入挖掘影响农民合作社实现生态产业发展的关键因素。进一步分析了不同资源组合下农民合作社驱动生态产业发展的能力，从而为完善合作社驱动生态产业发展的机制、提升合作社驱动生态产业发展的能力提供理论依据。

二、影响因素与变量选取

（一）数据来源

本研究将 3 个研究区所涉及的 143 个农民合作社作为研究对象。课题组 2017—2021 年对研究区的社会经济情况、自然资源环境情况开展多次实地调研，并组织调研小组对研究区涉及的农民合作社及其生态产业带动情况开展问卷调查与实地访谈，对于部分未能实地到访的农民合作社采取电话访谈的形式对合作社负责人进行问询，并通过对村干部的访谈进行部分信息的核实与补充。调研涉及三个研究区的所有合作社，调研结果能够充分反应喀斯特石漠化地区农民合作社带动生态产业发展的状况。调研结果表明，农民合作社及其产业发展情况符合喀斯特地区农业经济的发展实际，涉及产业主要为贵州喀斯特地区特色生态农业，充分反映了喀斯特石漠化地区农民合作社驱动生态产业发展的状况。

（二）变量选取

被解释变量的选取。为了探索农民合作社驱动生态产业发展的影响因素，将农民合作社是否实现生态产业发展作为被解释变量，实现＝1，未实现＝0。该变量为二元变量，取值为0和1，它能够清晰地反映各影响因素在实现生态产业发展中的作用方向及影响程度。调研发现，石漠化研究区存在大部分农民合作社为"空壳"合作社，这些合作社无实际经营，并且部分实际经营的合作社也迫于各种因素，未能持续经营，有鉴于此，本文将所有实现过生态产业发展的农民合作社均取值1，将"空壳"合作社界定为未实现产业发展，取值0。

关键解释变量的选取。通过对研究区农民合作社理事长、合作社成员、村民、村干部、乡镇政府部门工作人员开展摸底调研，根据摸底调查情况对农民合作社带动生态产业发展的影响因素进行初步判断。结合喀斯特地区特殊的自然生态环境和社会经济状况，尤其是喀斯特石漠化地区农民合作社的资源禀赋状况进行影响因素的补充和完善。同时，结合以往的研究，并以资源依赖理论为原理，从农民合作社驱动生态产业过程中自身拥有的资源禀赋和外部资源出发，最终确定关键解释变量。其中，资源禀赋的解释变量主要从生态产业发展的基础条件、人力资本及无形资产3个方面来选取，外部资源主要通过政府支持情况来考量，各个变量的具体定义见表4-8。

表4-8　影响因素评价指标与赋值

变量类型	变量名称	变量操作化定义及赋值依据	均值	标准差
资源禀赋	地方自然生产条件	1＝有较好的自然生产条件，0＝否	0.650	0.479
	当地特色优势产业	1＝合作社的产业为当地特色优势产业，0＝否	0.357	0.481
	生产基础设施	1＝基础设施得到保障，0＝否	0.406	0.493
	深加工设备	1＝深加工设备得到保障，0＝否	0.126	0.333
	交通条件	1＝具备较好的交通通达性，0＝交通通达性较差	0.811	0.393
	资金保障	1＝具备持续运营的资金，0＝否	0.252	0.436
	组织形式	1＝能人领办型，2＝村集体带动型，3＝企业引领型	1.161	0.405

（续）

变量类型	变量名称	变量操作化定义及赋值依据	均值	标准差
人力资源	理事长年龄	农民合作社理事长年龄：1＝35 岁及以下，2＝36～45 岁，3＝46～60 岁，4＝61 岁以上	2.336	0.517
	理事长文化程度	农民合作社理事长文化程度：1＝小学，2＝初中，3＝高中（含中专）；4＝大专、本科及以上	2.203	0.538
	理事长干部身份	农民合作社理事长是否为村两委干部；1＝是，0＝否	0.084	0.278
	专业技术人员保障	1＝有稳定的专业技术人员，0＝否	0.357	0.481
无形资产	销售渠道	1＝具备可靠稳定销售渠道，0＝否	0.168	0.375
	品牌或口碑	1＝产品拥有品牌或良好口碑，0＝否	0.126	0.333
外部环境	政府支持	1＝农民合作社自成立以来获得过政策扶持，0＝否	0.203	0.403

农民合作社实现生态产业发展的基础条件，主要体现在当地特色优势产业、地方自然生产条件、生产基础设施、深加工设备、交通条件、资金保障、组织形式等几个方面。

无形资产是促使农民合作社实现生态产业发展的重要因素。销售渠道和品牌口碑是农民合作社实现生态产业发展的核心资源。拥有充分的无形资产的农民合作社处于资源优势地位，这类农民合作社成功带动生态产业发展的可能性较高。

农民合作社人力资源对实现生态产业带动的影响。对于经济组织而言，人力资源是极为重要的资源，人力资源状况主要体现在管理者的年龄、性别、教育经历和社会经验等方面。此外，在农民合作社发展过程中，理事长的身份对合作社获取资源和日常管理都有显著影响，也会显著影响合作社驱动生态产业发展。本文通过农民合作社理事长年龄、理事长受教育程度、理事长干部身份等指标来反映管理者特征，并假设，理事长年龄越高或是村干部成员，对合作社成功带动生态产业发展的成负相关关系，理事长受教育程度与发展成正相关关系。农民合作社带动生态产业的发展还离不开专业技术人员的保障以及劳动力的保障，据调查，研究区的劳动力完全满足发展需求，不构成重要影响，因此未纳入评价模型，专业技术人员对合作社能否发展生态产业有着至关重要的作用，因此，将专业技术人员的保障纳入评价体系。

在我国，政府对农村经济发展的影响不容忽视，政府的支持对农民合作社成功开展生态产业经营会有很大的促进作用。例如，在花江研究区，政府通过火龙果每亩地 1 000 元的苗木补贴，能够极大地促使农民合作社降低生态产业的发展成本。因此，将政府支持纳入指标体系，用以体现外部环境情况。

通过上述分析，将理事长年龄，理事长文化程度，理事长干部身份，专业技术人员保障，政府支持，当地特色优势产业，地方自然生产条件，生产基础设施，深加工设备保障，交通条件，资金保障，销售渠道，品牌与口碑等视为自变量，而将是否实现生态产业发展作为因变量进行二元 Probit 回归分析，从表 4-9 可以看出，共计 143 个样本合作社参与分析，无缺失数据，具体计算步骤见第二章第二节研究方法部分。

表 4-9　二元 Probit 回归分析基本情况

名称	选项	频数	百分比/%
发展产业	0	88	61.54
	1	55	38.46
	总计	143	100.00
汇总	有效	143	100.00
	缺失	0	0.00
	总计	143	100.00

三、实证结果分析

（一）农民合作社实现生态产业发展的情况分析

调研结果表明，研究区农民合作社带动生态产业发展的比例为 38.46%（表 4-9），比例偏低，究其原因，一是由于喀斯特地区发展生态产业的基础条件较差，实现生态产业发展的困难程度高；二是许多农民合作社资源禀赋处于较低水平，且现有能力较弱，不能满足生态产业发展的需求；三是不同类型农民合作社发展的支持政策失衡，政府意愿与农户意愿存在冲突；四是喀斯特地区人口外流严重，缺乏有能力的产业带头人。

从农民合作社实现生态产业发展的影响因素看，农民合作社能否实现生态产业发展与其所拥有的资源禀赋有直接关系，从目前情况来看（表 4-10），地方自然生产条件较好的合作社占比 65%，能保障自然生产条件的合作社比例较高。农民合作社发展的生态产业为当地特色优势产业的情况占比 35.7%，该因素可能成为实现生态产业发展的重要因素。生产基础设施得到保障的合作社占比 40.6%，具备深加工设备的合作社比例为 12.6%。交通条件通达的合作社占 81.1%，资金得到保障的合作社占比 25.2%。农民合作社所在资源禀赋的保障方面存在较大差异。农民合作社组织形式的均值为 1.161，说明农民合作社的组织形式以能人领办型为主。

农民合作社的无形资产中，农民合作社的销售渠道、品牌等无形资产相对稀缺，如农民合作社具备稳定销售渠道的比例为 16.8%，农民合作社的产品拥有品牌或良好口碑的比例仅为 12.6%，这符合目前我国喀斯特石漠化地区农民合作社的产业发展现状，说明喀斯特石漠化地区的农民合作社仍处于初级发展阶段，"散、小、弱"特点突出，带动生态产业发展的能力较弱（王军 等，2021）。

表 4-10　各选项的发生频数统计

名称		选项	频数	百分比/%	累积百分比/%
资源禀赋	发展产业	0	88	61.54	61.54
		1	55	38.46	100.00
	地方自然生产条件	0	50	34.97	34.97
		1	93	65.03	100.00
	当地特色优势产业	0	92	64.34	64.34
		1	51	35.66	100.00
	生产基础设施	0	85	59.44	59.44
		1	58	40.56	100.00
	深加工设备	0	125	87.41	87.41
		1	18	12.59	100.00
	交通条件	0	27	18.88	18.88
		1	116	81.12	100.00
	资金保障	0	107	74.83	74.83
		1	36	25.17	100.00
	组织形式	1	122	85.31	85.31
		2	19	13.29	98.6
		3	2	1.40	100.00
人力资源	理事长年龄	1	3	2.10	2.10
		2	89	62.24	64.34
		3	51	35.66	100.00
	理事长文化程度	1	3	2.10	2.10
		2	114	79.72	81.82
		3	20	13.99	95.8
		4	6	4.20	100.00

（续）

名称		选项	频数	百分比/%	累积百分比/%
人力资源	理事长干部身份	0	131	91.61	91.61
		1	12	8.39	100.00
	专业技术人员保障	0	92	64.34	64.34
		1	51	35.66	100.00
无形资产	销售渠道	0	119	83.22	83.22
		1	24	16.78	100.00
	品牌或口碑	0	125	87.41	87.41
		1	18	12.59	100.00
外部环境	政府支持	0	114	79.72	79.72
		1	29	20.28	100.00
合计			143	100.00	100.00

农民合作社的人力资源中，农民合作社理事长年龄指标的均值为 2.36，表征理事长年龄主要在 36～45 岁，表明理事长的年龄相对年轻。表征农民合作社理事长受教育程度的均值为 2.20，即文化程度大部分为初中，这表明理事长的文化水平普遍偏低。理事长为村干部的占比仅为 8.4%，表明村干部身份的理事长偏少，可能导致难以及时有效的争取相关政策支持。专业技术人员得到保障的比例为 35.7%，数量与实现生态产业发展的合作社数量相接近，专业技术人员的保障情况可能是实现产业发展的重要影响因素。

外部环境方面，获得过政府支持的合作社占 20.28%，表明我国对农民合作社的支持力度较大，究其原因主要是党中央、国务院近年来对扶持新型农业经营主体的相当重视（王军 等，2021）。

（二）农民合作社实现生态产业发展的影响因素分析

据表 4-11 显示，是否放入自变量（理事长年龄，理事长文化程度，理事长干部身份，专业技术人员保障，政府扶持，地方自然生产条件，当地特色优势产业，生产基础设施，深加工设备，交通条件，资金保障，组织形式、销售渠道，品牌口碑）模型质量一致。由于 P 值小于 0.05，拒绝原定假设，表明放入的自变量具有有效性，模型构建有效。

据表 4-12 显示，模型的整体准确率为 98.60%，说明拟合情况良好，当实际情况取值为 0 和取值为 1 时，预测准确率分别为 98.86% 和 98.18%。其整体准确率为 98.60%，充分说明模型的拟合情况良好。

表 4 - 11　二元 Probit 回归模型似然比检验

模型	−2 倍对数似然值	卡方值	df	P 值	AIC 值	BIC 值
仅截距	190.556					
最终模型	19.26	171.296	14	0	49.26	93.703

表 4 - 12　二元 Probit 回归预测准确率

		预测值		预测准确率/%	预测错误率/%
		0	1		
真实值	0	87	1	98.86	1.14
	1	1	54	98.18	1.82
	汇总			98.60	1.40

通过 Hosmer - Lemeshow 拟合度检验所建模型的拟合优度（表 4 - 13）。假设模型拟合值与观测值的吻合程度一致，由于 P 值大于 0.05（$Chi=0.199$，$P=1>0.05$），假设成立，表明该模型的拟合度良好。

表 4 - 13　Hosmer - Lemeshow 拟合优度检验

χ^2	自由度 df	P 值
0.199	8	1

1. 农民合作社的资源禀赋对实现生态产业发展的影响　选择当地特色优势产业的农民合作社，实现生态产业经营的概率会提高 90.3%，资金得到保障的农民合作社实现生态产业发展的概率会提升 140.5%，两个因素均在 1% 的统计水平上显著（表 4 - 14、表 4 - 15）。本研究结果表明具有优势资源禀赋的农民合作社更容易实现生态产业发展，具有优势资源的农民合作社发展生态产业的条件更好。资金得以保障的农民合作社在面对激烈的市场竞争时，有更多抵御风险的能力，具有更强大的竞争优势，农民合作社遇到危机时，有更强的能力支持其继续运营，促使农民合作社更容易实现产品的销售，从而实现产业的发展。地方自然生产条件、深加工设备以及组织形式等资源禀赋因素对农民合作社实现生态产业发展影响不显著。

表 4-14 二元 Probit 回归分析结果

项目	回归系数	标准误	z 值	P 值	95% CI	边际效应
地方自然生产条件	1.576	1.39	1.134	0.257	-1.149~4.301	0.471
当地特色优势产业	3.023	0.788	3.838	0	1.479~4.567	0.903
生产基础设施	-1.485	0.866	-1.714	0.086	-3.182~0.213	-0.444
深加工设备	-0.942	1.289	-0.731	0.465	-3.468~1.585	-0.281
交通条件	1.105	1.523	0.726	0.468	-1.879~4.090	0.33
资金保障	4.701	1.824	2.578	0.01	1.127~8.275	1.405
组织形式	1.409	1.235	1.141	0.254	-1.012~3.829	0.421
理事长年龄	-2.237	1.138	-1.965	0.049	-4.467~-0.006	-0.668
理事长文化程度	0.448	0.723	0.619	0.536	-0.970~1.866	0.134
理事长干部身份	0.184	2.202	0.084	0.933	-4.131~4.499	0.055
专业技术人员保障	3.816	1.267	3.011	0.003	1.332~6.300	1.14
销售渠道	-1.904	1.644	-1.158	0.247	-5.125~1.318	-0.569
品牌或口碑	-0.814	1.66	-0.49	0.624	-4.068~2.440	-0.243
政府支持	2.136	1.695	1.261	0.207	-1.185~5.458	0.638
截距	-4.756	3.082	-1.543	0.123	-10.797~1.285	—

因变量：实现生态产业发展

为进一步验证表 4-14 的结果，将样本分为实现生态产业发展和未实现生态产业发展两组合作社，并针对两组样本的资源禀赋开展 T 检验。检验结果显示，在实现生态产业发展的合作社中，81.8% 的合作社经营的产业为当地特色优势产业，有 63.6% 的样本合作社资金得到保障，分别高于未实现生态产业发展的农民合作社 75.0 和 62.5 个百分点（表 4-16）。从表 4-16 的结果也能够看到，实现生态产业成功发展的农民合作社，其特色产业资源以及资金保障的资源禀赋优势更为明显。

2. 人力资源对农民合作社实现生态产业发展的影响 人力资源中，专业技术人员保障能够显著提升农民合作社实现生态产业发展的概率，样本合作社中，保障专业技术人员的农民合作社相比于未能保障技术人员的合作社实现生态产业发展的概率提升 114.0%（表 4-14），并在 1% 的统计水平上显著。T 检验结果显示（表 4-17），在实现生态产业发展的样本合作社中，专业技术人员得到保障的合作社占 61.8%，高于未实现生态产业发展的农民合作社 42.5 个百分点。

表 4 - 15　二元 Probit 回归分析简化结果

项目	回归系数
地方自然生产条件	1.576 (1.134)
当地特色优势产业	3.023＊＊ (3.838)
生产基础设施	−1.485 (−1.714)
深加工设备	−0.942 (−0.731)
交通条件	1.105 (0.726)
资金保障	4.701＊＊ (2.578)
组织形式	1.409 (1.141)
理事长年龄	−2.237＊ (−1.965)
理事长文化程度	0.448 (0.619)
理事长干部身份	0.184 (0.084)
专业技术人员保障	3.816＊＊ (3.011)
销售渠道	−1.904 (−1.158)
品牌或口碑	−0.814 (−0.490)
政府支持	2.136 (1.261)
截距	−4.756 (−1.543)
似然比检验	$\chi^2(14)=171.296，p=0.000$
Hosmer - Lemeshow 检验	$\chi^2(8)=0.199，p=1.000$

因变量：实现生态产业发展

注：＊ 表示 $P<0.05$，＊＊ 表示 $P<0.01$，括号里面为 z 值

表 4 - 16　两组农民合作社资源禀赋比较

是否实现产业发展	地方自然生产条件		当地特色优势产业		生产基础设施		深加工设备	
	平均值	标准差	平均值	标准差	平均值	标准差	平均值	标准差
是（一组）	0.855	0.356	0.818	0.389	0.891	0.315	0.291	0.458
否（二组）	0.523	0.502	0.068	0.254	0.102	0.305	0.023	0.150
差异水平	0.332	0.078	0.750	0.054	0.789	0.053	0.268	0.053

是否实现产业发展	交通条件		资金保障		组织形式		地方自然生产条件	
	平均值	标准差	平均值	标准差	平均值	标准差	平均值	标准差
是（一组）	0.855	0.356	0.636	0.485	1.291	0.533	0.855	0.356
否（二组）	0.784	0.414	0.011	0.107	1.080	0.272	0.523	0.502
差异水平	0.071	0.068	0.625	0.054	0.211	0.068	0.332	0.078

理事长文化程度、理事长干部身份对农民合作社能否实现生态产业发展的影响不显著，可能的原因是三个示范区理事长的文化程度大部分为初中水平，差异不大，难以显现出文化水平带来的产业发展差异；理事长为村干部的情况也未能提高实现产业发展的概率，可能的原因是村干部在村里的行政管理事务繁忙，无法投入足够的精力和时间到合作社产业的经营管理中。农民合作社理事长年龄对农民合作社实现生态产业发展有负向影响。理事长年龄偏大的农民合作社实现产业成功运营的概率会降低，年龄每提高 10 岁，实现生态产业发展的概率会降低 66.8 个百分点，在 5％的统计水平上显著，这一结果与王军等（2021）的估计结果一致。根据 T 检验结果显示，样本农民合作社成功实现产业发展与未实现产业发展的两组合作社理事长的年龄均值分别为 2.20 和 2.42，表示年龄多集中在 36～60 岁，未实现产业发展的一组年龄偏大。

表 4 - 17　两组农民合作社人力资源比较

是否实现产业发展	理事长年龄		理事长文化程度		理事长干部身份		专业技术人员保障	
	平均值	标准差	平均值	标准差	平均值	标准差	平均值	标准差
是（一组）	2.200	0.524	2.455	0.741	0.200	0.404	0.618	0.490
否（二组）	2.420	0.496	2.045	0.259	0.011	0.107	0.193	0.397
差异水平	0.288	0.06	0.410	0.086	0.189	0.045	0.425	0.075

3. 农民合作社的无形资产对实现生态产业发展的影响　在无形资产中，稳定销售渠道及品牌口碑对农民合作社实现生态产业发展的影响均不显著（表 4 - 14、表 4 - 15）。T 检验结果显示（表 4 - 18），在实现生态产业发展的样本中，34.5％的样本合作社与商户建立了稳定购销关系，有 23.6％的样本拥有品牌或口碑良好，分别高于未实现生态产业发展的农民合作社 28.8 和 17.9 个百分点，说明销售渠道和品牌对合作社实现生态产业发展有一定正向影响，但不够显著。这与已有研究结果存在差异，已有研究认为拥有品牌和销售渠道的农民合作社在面对激烈的市场竞争时，有更多力量抵御风险，具有更强大的竞争优势，对实现生态产业可持续发展具有显著影响（王军 等，2021），与该结果存在差异的原因，可能是本文侧重于探索农民合作社是否实现了生态产业发展，关注的重点在于初期的实现，而品牌和稳定销售渠道的功能更多是保证产业的可持续发展，对初期合作社能否实现产业发展的影响相对较弱，但从农民合作社发展的长远角度考虑，仍然应该建立稳定的销售渠道，并建立自身的品牌，形成完整的产业链，以帮助合作社实现生态产业的可持续发展。

表 4 - 18 两组农民合作社无形资产比较

是否实现产业发展	销售渠道		品牌或口碑	
	平均值	标准差	平均值	标准差
是（一组）	0.345	0.480	0.236	0.429
否（二组）	0.057	0.233	0.057	0.233
差异水平	0.288	0.06	0.179	0.063

4. 外部环境对实现生态产业发展的影响 外部环境主要涉及的因素为政府支持，从分析的结果来看，政府支持对农民合作社实现生态产业发展的影响不显著（表 4 - 14、表 4 - 15）。从 T 检验结果可以看出（表 4 - 19），实现生态产业发展的样本合作社获得过政府支持的比例更高，占 34.50%，比未实现生态产业发展的合作社高 23.1 个百分点，即表明农民合作社实现生态产业成功发展的合作社获取的政府支持更多。结合回归分析结果和 T 检验结果综合分析得出，政府支持对农民合作社实现生态产业发展具有一定正向影响，但效果不显著，可能的原因是，现阶段政府扶持措施更多集中在村集体带动型合作社，而村集体带动型合作社存在内生动力不足，合作社成员以生产能力较弱的农户居多，理事长大多由村干部担任，对合作社的生产运营管理投入的精力、时间有限，此外，政府财政扶持通常申办程序复杂，周期较长，而合作社的运营急需资金周转的情况较多，因此，政府支持对农民合作社实现生态产业发展的影响不显著。

表 4 - 19 两组农民合作社外部环境比较

是否实现产业发展	政府支持	
	平均值	标准差
是（一组）	0.345	0.480
否（二组）	0.114	0.319
差异水平	0.231	0.067

第三节 石漠化治理中农民合作社驱动生态产业发展的策略及效果提升机制

一、石漠化治理中农民合作社驱动生态产业发展的优化策略

根据石漠化治理区农民合作社的综合绩效评价结果以及农民合作社驱动生

态产业发展影响因素的研究结果，综合分析，提炼总结石漠化治理中农民合作社实现生态产业发展的优化策略。研究结果表明，当地特色优势产业、资金保障、专业技术人员保障等因素对农民合作社实现生态产业发展有显著正向影响，理事长年龄对农民合作社实现生态产业发展有负向影响。理事长文化程度、理事长干部身份、政府扶持、地方自然生产条件、组织形式、销售渠道等因素对农民合作社实现生态产业发展都具有一定影响，但影响不显著。为了促进喀斯特石漠化地区农民合作社更好地实现生态产业发展，应充分考虑上述核心因素的影响，从而针对性地制定农民合作社实现生态产业发展的优化策略，并在农民合作社生态产业驱动的模式构建中充分考虑这些因素。基于以上影响因素，提出效果提升策略如下。

（一）选择当地特色优势产业开展经营

选择当地特色优势产业的农民合作社，实现生态产业经营的概率会提高90.3%，选择适宜于当地石漠化地区的特色优势产业开展经营的农民合作社更容易实现生态产业发展。当地特色优势生态产业通常是其他地区没有条件发展或起步较晚的生态产业。因此，发展这类产业能够充分体现地区优势，喀斯特石漠化地区生产条件较差，生态环境脆弱，但也由于其特色的地理环境而拥有一些特色优势产业，应充分加以利用，在保证生态环境的基础上，充分发挥地区优势，实现弯道超车。例如，在花江石漠化研究区的石旮旯地里发展地理标志产品顶坛花椒、红心火龙果，在施秉示范区依托世界遗产资源发展休闲旅游业。

（二）拓展融资渠道，充分保障合作社的运营资金

资金得到保障的农民合作社实现生态产业发展的概率会提升1.4倍，资金得以保障的农民合作社在面对激烈的市场竞争时，有更多抵御风险的能力，具有更强大的竞争优势，农民合作社遇到危机时，有更强的能力支持其继续运营，促使农民合作社实现产品的销售，从而实现产业的发展。现阶段我国正在大力推进乡村振兴战略的实施，有很多产业开发资金可以利用，应加强与政府部门的联系，实现产业资金的充分利用。另外，农户的小额信贷等资金，用于农户发展产业，可充分发挥该资金的作用，利用农民合作社整合资金，实现产业发展。根据对示范区农民合作社的调查，合作社的产业发展资金主要来源于内源融资，来自政府尤其是信贷融资的数量少，融资渠道狭窄，融资机制不完善。目前，资金约束已成为制约示范区农民合作社发展的最大问题，随着农民合作社的发展，资金需求也日益增加，对信贷融资需求大，然而受经营风险等因素影响，农民合作社信贷融资的可得性较低，对此，可通过财政配套政策，政策性农业保险制度，创新、完善农村信贷担保机制，建立农村信用评价体系和征信系统等措施，拓宽融资渠道，以缓解石漠化地区的资金约束问题。

（三）保障专业技术人员

专业技术人员保障能够显著提升农民合作社实现生态产业发展的概率，样本合作社中，保障专业技术人员的农民合作社相比于未能保障技术人员的合作社实现生态产业发展的概率提升 1.14 倍。实现生态产业发展的农民合作社 61.8％得到专业技术人员保障，高于未实现生态产业发展的农民合作社 42.5 个百分点，可见专业技术人员保障的重要性。专业技术人才是实现生态产业发展的重要因素，是产品品质保障的重要环节。例如，在发展黄金梨产业中，把土地整理、梨树的修枝整形、套果、摘果、病虫害防治等形成一套完整的生产技术体系，以保证黄金梨的品质，才能销往全国各地。另外，在生态养殖过程中，更需要保证专业的生产技术，如撒拉溪示范区的高山肉牛养殖和花江示范区的关岭牛养殖，由于养殖品种不同、养殖环境差异巨大，因此，在养殖中涉及的技术会有所差异，通过农民合作社开展规模化养殖，必须有专业技术人员进行指导，以保证牲畜的健康养殖。

（四）充分利用政策等外部环境优势

近年来，农民合作社在发展农业、带动农户脱贫、调整农村产业结构等方面发挥着越来越重要的作用，得到国家政府的大力扶持，合作社法的修订确定了农民合作社的地位。然而，在扶持政策推行过程中，中央政府立法相对宽松，没有明确地方政府规制与扶持合作社的具体责任，导致地方政府推动农民合作社发展绩效方面的指标缺失，进而出现部分地区规制与支持合作社不力甚至态度消极的状况，同时，间接导致部分合作社的领办人钻国家政策的空子，套取资金（崔宝玉，2014）。因此，中央政府应当具体化地方政府规制与扶持合作社发展的责任，同时建立政府推动农民合作社发展的绩效考核标准（崔宝玉，2014）；地方政府在农民合作社注册成立之前，应建立相关考核标准及监督机制，对考核不合格的不予批准，对成立后运行不规范、绩效低的予以停业或引导建设与发展。

（五）创新组织模式，发挥不同领办主体的优势

据调查，示范区农民合作社发展除受资金约束外，还受技术、市场竞争力等条件限制。因此，农民合作社可申请加入由高校/科研机构、政府部门和企业牵头构建的产业技术创新联盟，并以此带领农民合作社的产业发展（刘艳鸿，2018）。高校/科研机构是高学历人才和团队的聚集地，有利于技术研发、

项目申请以及规划设计；政府部门的优势在于组织协调、基础设施建设以及资金整合（刘艳鸿，2018）。其中，组织协调包括组织高校/科研机构和企业开展各类生态产业项目，同时也包含协调土地流转；基础设施建设包含水、电以及公路等产业开发相关设施；资金整合则包括政府扶贫资金、项目补贴资金等（刘艳鸿，2018）；企业掌控着产品的终端，因此在技术推广、产品销售和市场渠道等方面发挥着重要作用。

二、石漠化治理中农民合作社驱动生态产业发展的效果提升机制

根据石漠化治理区农民合作社的综合绩效评价结果以及农民合作社驱动生态产业发展影响因素的研究结果，阐明石漠化治理中农民合作社驱动生态产业发展的效果提升机制。

石漠化地区农民合作社的综合绩效评价结果表明，企业引领型、能人领办型、村集体带动型三类合作社的绩效差异显著，但不同类型合作社具有其优劣势。企业引领型合作社的综合绩效最高，但组建难度大。能人领办型合作社的综合绩效较高，内生发展动力强。村集体带动型合作社社会绩效最高，能够解决大量就业、在地务工等社会问题。农民合作社驱动生态产业发展的效果可能受到合作社组织类型的影响。

石漠化地区农民合作社驱动生态产业发展影响因素的研究结果表明，地方自然生产条件等因素对农民合作社驱动生态产业发展有一定影响，其中当地特色优势产业、资金保障、专业技术人员保障等因素对农民合作社实现生态产业发展有显著正向影响。

基于石漠化治理中农民合作社综合评价结果与驱动生态产业发展的影响因素的分析，阐明石漠化治理中农民合作社驱动生态产业发展的效果提升机制。如图 4-1 所示，资源禀赋、外部环境、人力资本、无形资产及其包含的 17 个因子是石漠化治理中农民合作社实现生态产业发展的影响因素。

该驱动效果提升机制可描述为：以石漠化防治为前提，基于当地的资源禀赋组建农民合作社；充分利用政策等外部环境优势，拓展融资渠道，保障合作社的建设与运营资金供给；基于当地环境以及人力资本条件选择适合的合作社组织类型，包括能人领办型、企业引领型、村集体带动型以及其他创新组织形式，并充分发挥领办主体的优势；根据喀斯特石漠化环境选取具有石漠化治理效果的当地特色优势生态产业为合作社的核心经营产业；聘请专业技术人员保证生态产业发展的技术支持，保证生态产业的健康可持续发展。该过程盘活了内外部资源，充分发挥了关键影响因素的

作用，从而实现石漠化治理中农民合作社驱动生态产业发展的效果的提升。

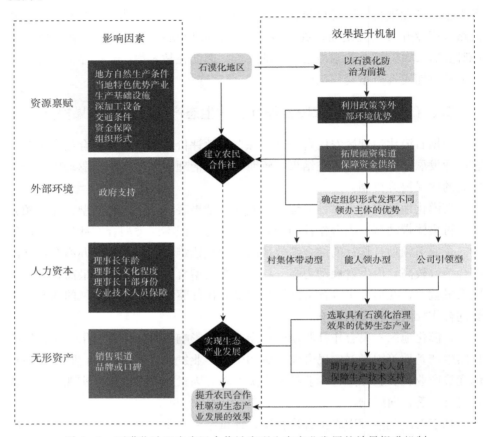

图 4-1　石漠化治理中农民合作社实现生态产业发展的效果提升机制

第五章
石漠化治理中农民合作社生态产业驱动模式构建及技术集成

根据喀斯特石漠化治理、乡村振兴战略思想以及人地协调发展的指导思想，在石漠化地区农民合作社驱动生态产业发展的作用机制、影响因素等研究的基础上，通过确定模式构建的理论参数、边界条件，对不同石漠化环境的农民合作社生态产业驱动模式进行识别并集成技术体系。对不同石漠化环境地区模式结构与功能开展对比分析，在毕节撒拉溪研究区构建了喀斯特高原山地石漠化防治与混农林产业驱动型合作社复合经营模式，在关岭-贞丰花江研究区构建了喀斯特高原峡谷石漠化综合治理与特色高效林产业合作社规模经营模式，在施秉研究区构建了喀斯特高原槽谷石漠化综合治理与世界遗产旅游业合作社权衡经营模式。

第一节　模式构建

一、模式构建的理论依据

人地关系协调发展理论：形成石漠化环境的主要原因是喀斯特地区人口增多，百姓为了满足生活所需，大量毁林开荒，拓展耕地面积，使本就难以成土的喀斯特地区土层更加稀薄，不堪重负，导致石漠化。在模式构建中，以人地关系协调发展理论为指导，模式构建满足人地关系协调发展的原则。引导人类发展以遵循自然规律，建立模式以保护生态环境为前提，实现生产、生活、生态的协调可持续发展，坚持以生态引领经济发展，以经济发展带动生态治理，合理利用资源，在产业发展的同时，实现生态环境的保护和治理。

生态承载力理论：生态承载力指资源与环境系统承载能力和生态系统的自我调节能力，主要关注生态系统的持续性、整合性和协调性。伴随着人口持续增长，喀斯特地区人地矛盾加剧，许多地区出现生态破坏、环境恶化等问题，严重威胁到百姓的生产和生活，生态承载力迫切需要得到关注。合理评价喀斯特地区的生态承载力，在不破坏喀斯特地区生态系统的前提下，合理利用资源，开展生产活动，实现经济增长。

因地制宜原则：喀斯特石漠化地区发展生态产业应考虑耐干旱、耐瘠薄、喜钙的经济作物，适宜在喀斯特石漠化地区生长，并能够带来显著经济绩效的经济作物作为生态种植、养殖的对象。并重点考虑当地环境的特色经济物种，通过对喀斯特地区的生态因素进行分析，选择适合在该地区开展种植、养殖的物种。

可持续发展理论：在人类可持续发展系统中，经济发展是基础，生态保护是条件，社会进步是目的。经济、生态、社会三者形成一个相互影响的综合体，需要社会在每个阶段都保持与经济、资源和环境的协调。喀斯特地区正是因为打破了社会发展与生态环境的平衡而导致了石漠化，因此模式的构建应将百姓的经济发展与石漠化治理有机结合，才能实现喀斯特地区生态、经济、社会的协调可持续发展（表5-1）。

表5-1　可持续发展理论内容

可持续经济	可持续生态	可持续社会
转变传统"高消耗、高收入、高污染"的生产消费模式，通过低能耗、低污染生产和低碳消费，提高经济效益，节约资源、减少生产废物	强调环境保护，有限制性的发展，通过转变发展模式，从发展的源头解决环境问题，使社会经济发展控制在生态承载力以内	提高人们的健康水平，提高生活质量，创建能够充分保障平等、自由、教育、人权以及免受暴力的社会环境

生态经济理论：将生态环境与社会积极发展作为一个统一体，将生态系统与经济系统的多种要素综合考虑，合理高效利用资源，改变消费与生产方式，生态化开展经济活动，实现经济社会发展与生态环境保护相协调。喀斯特石漠化地区的模式构建，应遵循生态经济原理，形成一个生态过程与经济过程相互作用的生态经济发展模式。

二、模式构建的边界条件

喀斯特地区的石漠化程度在空间上存在差异，各地的自然地理条件、社会经济条件均有不同，在喀斯特石漠化地区构建农民合作社生态产业驱动模式，需要因地制宜地划定各种模式的边界条件。模式构建的边界条件应考虑喀斯特地区的自然地理条件、社会经济条件、石漠化等级等，从人地关系协调发展理论、生态承载力理论、因地制宜理论、可持续发展理论、生态经济理论等综合考虑，以实现喀斯特石漠化地区人地系统协调可持续发展为目的，针对三个示范区具体情况，科学确定边界条件（表 5 - 2 至表 5 - 4）。

表 5 - 2　毕节模式边界条件阐述（参考张俞，2020）

边界条件	具体阐述
石漠化等级	潜度-轻度
地质地貌	喀斯特高原山地
0.2km² 图斑岩石裸露率/%	20～50
0.2km² 图斑植被＋土被覆盖率/%	50～80
岩性	碳酸盐岩
土壤厚度/cm	15～45
土壤类型	黄壤、黄色石灰土
年降水量/mm	863
海拔范围/m	1 495～2 200
年平均气温/℃	13～15
气候	夏季温暖湿润，冬季阴冷潮湿
＞10℃有效积温/℃	4 000～4 500
主要产业类型	刺梨种植、生态养牛、林下养鸡
农民人均纯收入/元	4 000～6 000

表 5 - 3　关岭-贞丰模式边界条件阐述（参考张俞，2020）

边界条件	具体阐述
主要石漠化等级	中度-强度
地质地貌	喀斯特高原干热峡谷
0.2km² 图斑岩石裸露率/%	50～90
0.2km² 图斑植被＋土被覆盖率/%	10～49
岩性	碳酸盐岩
土壤厚度/cm	5～25
土壤类型	黄壤、黄色石灰土
年降水量/mm	1 100
海拔范围/m	450～1 450
年平均气温/℃	14～22
气候	夏秋温暖湿润，冬春温凉干旱
＞10℃有效积温/℃	6 000～6 500
主要经济林作物	花椒、李子、火龙果、生态养牛
农民人均纯收入/元	6 000～8 000

表 5-4　施秉模式边界条件阐述（参考张俞，2020）

边界条件	具体阐述
主要石漠化等级	无-潜在
地质地貌	喀斯特槽谷
0.2km² 图斑岩石裸露率/%	0～30
0.2km² 图斑植被＋土被覆盖率/%	70～100
岩性	碳酸盐岩、白云岩
土壤厚度/cm	＞30
土壤类型	石灰土
年降水量/mm	1 060～1 200
海拔范围/m	600～1 250
年平均气温/℃	14～16
气候	冬暖夏凉，四季分明
＞10℃有效积温/℃	4 500～6 500
主要经济林作物	梨、桃、生态养殖、林下养鸡
农民人均纯收入/元	7 000～9 000

三、模式构建的技术体系

根据不同喀斯特地区的生态环境特征、产业发展状况，并且以农民合作社对生态产业发展的影响因素与驱动机制为导向，探索不同等级石漠化以及不同社会经济条件下的农民合作社生态产业驱动模式。分别选择毕节撒拉溪喀斯特高原山地潜在-轻度石漠化综合治理示范区、关岭-贞丰花江喀斯特高原峡谷中-强度石漠化综合治理示范区、施秉喀斯特高原槽谷无-潜在石漠化综合治理示范区开展模式构建。通过社区访问调查及规划设计，提出喀斯特石漠化治理中农民合作社生态产业驱动模式（图 5-1），并构建与之相匹配的技术体系。

考虑研究区不同石漠化等级、不同地貌类型以及石漠化地区特色生态产业发展情况、产业链条不完整、经济结构不合理的情况，本文建立了喀斯特石漠化治理中农民合作社生态产业驱动模式，在毕节撒拉溪研究区构建了喀斯特高原山地石漠化防治与混农林产业驱动型合作社复合经营模式，在关岭-贞丰花江研究区构建了喀斯特高原峡谷石漠化综合治理与特色高效林产业合作社规模经营模式，在施秉研究区构建了喀斯特高原槽谷石漠化综合治理与世界遗产旅游业合作社权衡经营模式。喀斯特石漠化治理中农民合作社驱动生态产业发展

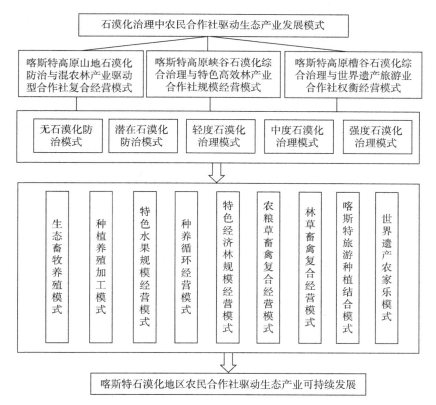

图 5-1　喀斯特石漠化治理中农民合作社驱动生态产业发展模式体系结构

模式需从石漠化治理、农民合作社构建、生态产业发展三个方面综合考虑，并研发相应的技术体系支撑该模式的构建。提炼并总结出农民合作社培育技术与措施体系、生态畜牧养殖技术体系、特色经果林产业技术体系、林下养殖技术体系、农粮草畜复合经营技术体系、林草畜禽复合经营技术体系、种养循环产业经营技术体系、喀斯特旅游种养模式及技术体系、世界遗产农家乐经营技术体系（图 5-2）。

四、模式的结构与功能特性

1. 石漠化种养结合型合作社复合经营模式　喀斯特石漠化治理种养结合合作社复合经营模式。由于喀斯特石漠化地区土地分散、土层薄、多为山地等特点，在喀斯特石漠化地区开展传统种植业不具备优势，结合喀斯特石漠化地区的特点，治理石漠化应实行复合型和混合型农业发展模式，现已构建的复合经营模式有生态畜牧业集约经营模式、庭院生态经济发展模式、特色经济林果

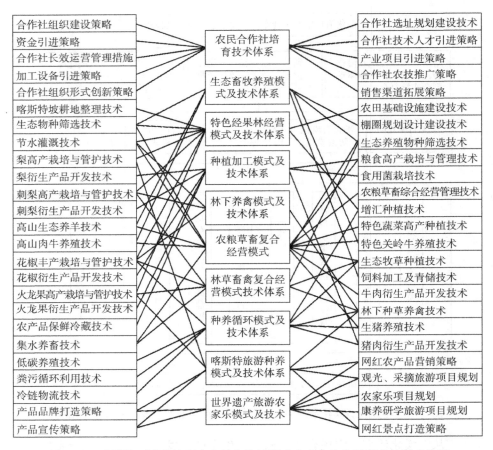

左列：
合作社组织建设策略
资金引进策略
合作社长效运营管理措施
加工设备引进策略
合作社组织形式创新策略
喀斯特坡耕地整理技术
生态物种筛选技术
节水灌溉技术
梨高产栽培与管护技术
梨衍生产品开发技术
刺梨高产栽培与管护技术
刺梨衍生产品开发技术
高山生态养羊技术
高山肉牛养殖技术
花椒丰产栽培与管护技术
花椒衍生产品开发技术
火龙果高产栽培与管护技术
火龙果衍生产品开发技术
农产品保鲜冷藏技术
集水养畜技术
低碳养殖技术
粪污循环利用技术
冷链物流技术
产品品牌打造策略
产品宣传策略

中列：
农民合作社培育技术体系
生态畜牧养殖模式及技术体系
特色经果林经营模式及技术体系
种植加工模式及技术体系
林下养禽模式及技术体系
农粮草畜复合经营模式
林草畜禽复合经营模式技术体系
种养循环模式及技术体系
喀斯特旅游种养模式及技术体系
世界遗产旅游农家乐模式及技术

右列：
合作社选址规划建设技术
合作社技术人才引进策略
产业项目引进策略
合作社农技推广策略
销售渠道拓展策略
农田基础设施建设技术
棚圈规划设计建设技术
生态养殖物种筛选技术
粮食高产栽培与管理技术
食用菌栽培技术
农粮草畜综合经营管理技术
增汇种植技术
特色蔬菜高产种植技术
特色关岭牛养殖技术
生态牧草种植技术
饲料加工及青储技术
牛肉衍生产品开发技术
林下种草养禽技术
生猪养殖技术
猪肉衍生产品开发技术
网红农产品营销策略
观光、采摘旅游项目规划
农家乐项目规划
康养研学旅游项目规划
网红景点打造策略

图 5-2 喀斯特石漠化治理中农民合作社驱动生态产业发展模式的技术体系

产业发展模式、生态农业集约经营模式、混合生态农业发展模式等。种养结合型合作社复合经营模式能够有效整合特色资源、规避市场风险、提升市场竞争力。

无-潜在石漠化高原槽谷区（施秉喀斯特），海拔 100～1 200m，植被类型丰富，水热条件较好，适应水稻、玉米等农作物生长，适合甘蓝等蔬菜生长，并适合梨、黄桃等经果林生长。当地百姓有养猪和饲养家禽的传统，适合开展畜禽养殖。该区有条件适合开展种养结合型复合经营模式，充分利用资源，实行粮食、蔬菜、养鸡、养猪共同进行，有效利用资源，增加合作社的就业、务工吸纳能力，增加合作社抵御风险的能力。

潜在-轻度石漠化高原山地地区（毕节撒拉溪），海拔 1 800～2 000m，该区海拔较高，水热条件差，植被种类较少，经果林以刺梨为主，牲畜养殖以牛、羊为主，并适合家禽养殖。该区有条件实行种养结合复合经营模式，应对生态产业进行合理筛选，如在刺梨种植区开展林下养鸡，能够充分利用立体空间，提高单位面积产值，实现产业发展与石漠化治理兼顾。

中-强度石漠化高原峡谷地区（关岭-贞丰花江），该区海拔高差大，属于典型的高原干热河谷地形区。热量充足，适合蜂糖李、火龙果、甘蔗等热带水果生长，具有花椒等经济林种植基础，同时，该区有关岭牛、猪等牲畜养殖基础，具备开展种养结合复合经营模式的条件。该区的复合经营模式以特色经果林种植为主，并辅以生猪养殖，实现生猪粪肥的再利用，减少粪肥污染的同时，为经果林提供肥料，节约生产成本。

2. 特色高效林产业合作社规模经营模式　由于各石漠化环境地区具备特殊的土壤、气候、生态环境条件，适合发展不同的特色高效林产业。特色高效林产业通常在该地具有较好的口碑和地方品牌，当地农户发展经验丰富，发展该产业的农户较多，有一套较完善的育苗、种植、深加工、储存的技术体系。此外，石漠化地区的特色高效林产业适宜于当地环境，具有较强的竞争力。无-潜在石漠化高原槽谷区（施秉喀斯特）适合黄桃、黄金梨、珍珠枣油桃等经果林的生长，适宜以这类经果林为主，开展特色高效林产业合作社经营。潜在-轻度石漠化高原山地地区（毕节撒拉溪）适合刺梨、核桃等经果林生长，基本符合开展特色高效林产业合作社规模经营的条件，但在该区开展特色高效林产业规模经营，首先要保证可靠的销售渠道。中-强度石漠化高原峡谷地区（关岭-贞丰花江）适合火龙果、花椒等高效林产业的发展，并且在该区已经具备了较好的发展基础，有了一定规模的火龙果和花椒林，农民合作社的参与，更有利于特色产业整合农户的土地，使土地连片，实现规模经营，通过规模经营，促使买方市场转变为卖方市场，提高农户的议价能力。

3. 林下养殖合作经营模式　在喀斯特石漠化地区已种植各类经果林，为了提升土地单位面积的产值，结合各地的经果林和适生家禽等，开展林下养殖经营。例如，在刺梨地和花椒地进行鸡鸭鹅的养殖，能够有效提升土地单位面积产值，家禽产生的粪便能够为经果林的生长提供粪肥，不仅能够降低经果林的肥料施用成本，而且为家禽提供了天然的运动场地，家禽为户外养殖，由于增加了家禽的户外运动，使家禽的肉质更加紧致鲜美，从而提升产品质量。林下养殖在不同石漠化等级地区应控制养殖密度，潜在-轻度石漠化地区林下养鸡适合密度为 $2 \sim 14$ 只/$100m^2$，中度-强度石漠化地区林下养鸡适合密度为 $2 \sim 10$ 只/$100m^2$，不同石漠化地区采用合适的养殖密度能够有效保证生物量的丰富度，增强土壤肥力（张俞，2020）。超过该养殖密度会造成土地板结，抑制植被修复。因此。开展林下养殖，需注意控制养殖密度，在保证产业经济发展的同时实现生态恢复。

4. 喀斯特地区农旅结合型合作经营模式 喀斯特地区具有独特的地质地貌，重峦叠嶂的峰丛峡谷、瀑布洞穴构成了美不胜收的自然景观，当地自然景观结合当地的特色种植业，可以合理开发为世界遗产旅游兼农家乐合作经营模式，增加游客的体验项目。无-潜在石漠化高原槽谷区（施秉喀斯特示范区）为世界遗产地，它为典型的白云岩喀斯特地区，该区喀斯特景观丰富，并拥有杉木河漂流特色旅游体验项目，可打造为网红旅游点。气候条件方面，该区适合葡萄、草莓等特色水果的种植，在种植经营的同时，可开放部分葡萄园、草莓园供游客进行采摘，增设游客的体验活动。中-强度石漠化高原峡谷地区（关岭-贞丰花江示范区），具备天然的北盘江大峡谷，早年间便已成为一个小众的休闲旅游区，可以结合该地区的干热河谷气候，以及当地特色火龙果产业，将该区打造为科普旅游景点，游客既可以乘坐游船游览壮观的峡谷风光，欣赏视觉冲击强烈的石漠化景观，又可以增长石漠化形成的科学知识，参观火龙果种植基地，感受火龙果采摘乐趣，了解火龙果授粉过程，适合打造喀斯特休闲度假农家乐合作经营模式。

5. 喀斯特地区农-粮-草-畜-禽合作社综合经营模式 在地理条件较好、地势平坦的喀斯特地区，石漠化程度低或者无石漠化，该类地区适合开展多种类型的生产经营，适合构建农-粮-草-畜-禽合作社综合经营模式。无-潜在石漠化高原槽谷区（施秉喀斯特），植被类型丰富，不仅适宜水稻-粮食的生长，适应水果、蔬菜的生长，而且适合天然牧草生长，能够满足山地牧业的发展，并适合开展林下养鸡产业，因此在该区适合开展农-粮-草-畜-禽合作社综合经营模式，建立粮食蔬菜生产基地、经果林生产基地、畜牧养殖基地、林下养禽基地，形成综合型生态产业园。合作社综合生态合作经营模式能够在生态治理方面，有效减少单项作物或林业经营带来的病虫害，能够有效实现废物的再利用。例如，畜牧业养殖产生的粪便，经过适当加工能够成为种植牧草、蔬菜及粮食的有机肥料，牧草及玉米等作物能够为牛羊养殖提供食料，使废弃物排放降到最低。合作社综合经营模式由于经营的产业涉及面较广、规模较大，对务工就业人员具有强大的吸纳能力，能解决部分就业问题，并且能够调整产业结构，使当地的产业向规模化、综合化发展。综合经营模式下具备的多种元素，更能使该地区形成产业链，实现生态产业发展，开发出更有技术含量的产品，提升产品的附加值，从而帮助周边农户提升收入。

6. 喀斯特地区混农林产业合作经营模式　喀斯特石漠化地区生产环境相对较差，在考虑生产的同时，必须考虑生态环境的恢复，尤其是石漠化环境的防治和修复。因此，在喀斯特石漠化地区开展混农林产业替代易导致石漠化的传统作物（如玉米等），重新建立混农林产业有很强的实用性。混农林模式可显著增加物种多样性，提高水土保持能力，它充分考虑植株的冠幅大小、高度、喜光程度等性状，以及林种组成及植株占地面积等结构特征。在石漠化地区选取当地特色优势经果林物种，优化植株比例建立混农林产业合作经营模式。潜在-轻度石漠化高原山地地区（毕节撒拉溪）适合刺梨、核桃等经果林生长，同时适合黑麦草、百三叶等牧草的生长，可以采用核桃＋刺梨＋黑麦草的"乔＋灌＋草"结合的形式进行配置，提高单位土地的产值。并且由于各种植被生产周期的差异，能够产生以短养长的效果，为产业经济的发展提供条件。

五、不同石漠化地区模式结构与功能对比分析

以模式构建图为基础，根据生态产业驱动机制及影响因素，结合每个研究区的地形地貌、气候、特色生态产业等情况，调查各个研究区的生产、生活需求，构建了喀斯特石漠化治理中农民合作社生态产业驱动模式。在毕节撒拉溪示范区构建了喀斯特高原山地潜在-轻度石漠化防治与混农林产业驱动型合作社复合经营模式，在关岭-贞丰花江示范区构建了喀斯特高原峡谷中-强度石漠化综合治理与特色高效林产业合作社规模经营模式，在施秉喀斯特研究区构建了喀斯特高原槽谷无-潜在石漠化综合治理与世界遗产旅游业合作社权衡经营模式，根据模式的应用情况在三个研究区构建了概念模型（图5-3至图5-5）。各个研究区的模型结合该地的石漠化程度、资源禀赋、产业发展情况等进行改进，并分板块构建对应的子模式。

（一）毕节模式结构与功能

毕节撒拉溪研究区主要为潜在-轻度石漠化示范区，国家"十二五"石漠化治理工程时期被划定为石漠化综合治理示范区，石漠化治理基础相对薄弱。该区为喀斯特高原山地，海拔较高，适合抗冻耐旱植株生长。撒拉溪研究区的生态产业基础薄弱，主要的产业以经果林和畜牧业为主，经果林有刺梨、金秋梨、核桃种植等，畜牧养殖业有高山肉牛、黑山羊养殖，鉴于毕节撒拉溪的产业发展情况与资源状况，根据复合经营策略，在撒拉溪研究区建设喀斯特高原山地石漠化防治与林草畜禽合作社复合经营模式。调查发现，研究区的西部主要为峰丛山地，可重点种植黑麦草、扁穗雀麦、鸭茅、白三叶等牧草（池永

宽，2019），发展牛羊户外养殖合作经营模式。在研究区中部主要为峰丛谷地，地势较平坦，适合开展乔灌草种植并结合畜禽养殖发展种养循环合作经营模式。研究区东部以峰丛洼地为主，适合在洼地建立牛羊养殖基地，开展畜牧业半舍饲养殖，并结合粪污处理形成废物循环利用，发展高山肉牛养殖，形成高山生态养殖合作经营模式（图 5-3）。

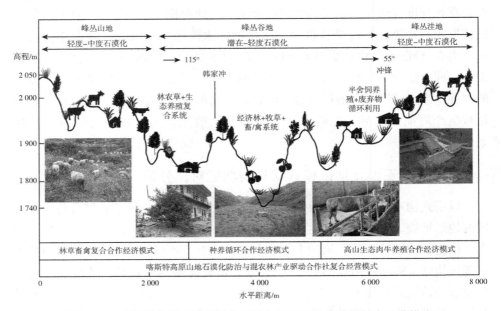

图 5-3　喀斯特高原山地石漠化防治与林草畜禽合作社复合经营模式

（二）关岭-贞丰模式结构与功能

关岭-贞丰花江研究区主要为中-强度石漠化区域，该区开展石漠化治理工程时间较长，从"九五"一直延续到"十三五"时期，有较好的石漠化治理基础，适合在该区发展的生态产业已经在"九五"至"十二五"时期明确，现该区生态产业所选的物种基本为该地的优势物种，且基本上为多年生物种，不仅能够带来经济收入，而且具有较好的石漠化治理功效。花江研究区具有干热河谷气候优势，该地区热量充足，适合花椒、火龙果、李、枇杷、芒果、橘子等特色经济林的生长，并已经建立种植基地和深加工工厂，形成相对完整的产业链。研究区内有一条河流为北盘江，北盘江北侧土层相对较厚，河岸上能满足李子对于灌溉的需要，以蜂糖李为主建立了经果林合作经营模式（图 5-4）。北盘江北部海拔 500～800m 的区域，以火龙果种植为主，建立以火龙果为主的经果林合作社规模经营模式。火龙果与生猪养殖联合经营，生猪养殖的粪便能

够为火龙果的生长提供天然的有机肥，实现循环经营。北盘江北岸海拔 800m
以上的区域以花椒林地为主，以花椒产业为基础建立特色经济林合作社规模经
营模式。北盘江南岸裸露石灰岩更为严重，土层更加稀薄，适合在该区生长的
经济物种稀少，该区的花椒多种植在岩石缝中，当地人称之为"石山花椒"，
由于高岩石裸露率和高热条件适合仙人掌、金银花等中药材的生长，因此在北
盘江南岸发展特色经济林产业合作经济模式，实现石漠化治理与经济增收的
双赢。

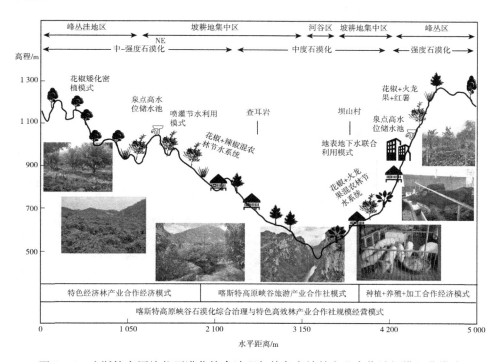

图 5-4　喀斯特高原峡谷石漠化综合治理与特色高效林产业合作社规模经营模式

（三）施秉研究区模式结构与功能

施秉喀斯特研究区为无-潜在石漠化区域，该区属于中国南方喀斯特世
界遗产地，施秉研究区的石漠化防治工程从"十三五"时期开始，起步最
晚。研究区地势平坦，雨量充足，传统种植业以水稻和烤烟为主。该区适合
经果林和中药材生长，常见的中药材有太子参、黄精、淫羊藿、白及、缬草
等，常见的经果林产业有黄金梨、珍珠枣油桃、黄桃、葡萄等。该区为世界
遗产地，满足世界自然保护联盟（IUCN）的美学标准，白云岩喀斯特形成
了鬼斧神工的自然景观，风光独特，具有很强的观赏价值。因此，除种植业

外该区还具备一定的旅游业基础。在施秉示范区世界遗产地周边，适合依托其自然风光并结合周边的种植业，构建喀斯特世界遗产旅游农家乐合作经营模式（图5-5）。在研究区的谷地地区，水肥充足，适合多种种植业、养殖业的发展，可形成农-粮-草-畜-禽复合经营模式；在研究区峰丛林地区，适合经果林产业的发展，建立特色经果林规模化产业模式，并依托示范区的游客资源拓展销售渠道。

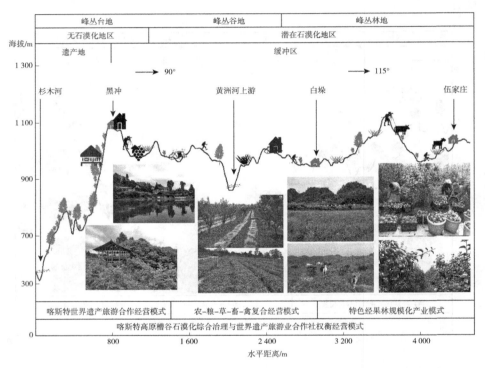

图5-5 喀斯特高原槽谷石漠化综合治理与世界遗产旅游业合作社权衡经营模式

综合考虑三个研究区不同石漠化等级、不同地貌类型以及石漠化地区特色生态产业发展状况、经济结构等情况，以当地的特色生态产业为依托，以实现石漠化治理与农民增收为目的，构建了不同的喀斯特石漠化治理农民合作社生态产业驱动模式（图5-3至图5-5）。毕节撒拉溪研究区为喀斯特高原山地潜在-轻度石漠化环境，现有生态产业为刺梨、核桃产业以及畜牧养殖业，为发挥已有生态产业的优势，在毕节撒拉溪研究区构建了喀斯特高原山地石漠化防治与混农林产业驱动型合作社复合经营模式。关岭-贞丰花江研究区为喀斯特高原峡谷中-强度石漠化环境，该区在前期的石漠化治理工程中，已培育初具规模的经果林产业如火龙果、蜂糖李、花椒等，经果林产业能够很好地实现石漠化治理并提高单位面积产值。因此，充分发挥当地高校特色经济林优势，在该区构建喀斯特高原峡谷石漠化综合治理与特色高效林产业合作社规模经营模式。施秉研究区为喀斯特高原槽谷无-潜在石漠化环境，该区的模式构建应注重环境可持续的基础上发挥旅游业、种植业、养殖业的综合优势，在施秉研究区构建喀斯特高原槽谷石漠化综合治理与世界遗产旅游业合作社权衡经营模式。三个研究区的模式构建中，都充分发挥了研究区特色生态产业的优势，并将实现生态与经济的协调可持续发展作为模式研发的重点。

第二节　技术研发与集成

　　喀斯特石漠化地区社会经济发展严重滞后，农业产业化水平低，人地矛盾突出，如何在修复生态环境的同时，帮助百姓实现经济增收，成为石漠化地区亟须解决的问题。为解决这一问题，本研究以农民合作社为载体，探索了农民合作社驱动生态产业发展的模式。为了支撑相应模式，需充分考虑喀斯特石漠化环境的基础，借鉴并系统凝练现有可行技术措施，集成关键技术，总结研发喀斯特石漠化治理中农民合作社驱动生态产业发展的技术与措施体系。

一、现有成熟技术措施应用

（一）农民合作社实现资源整合的措施

　　1. 农民合作社资源整合措施　农民合作社作为桥梁，通过整合乡村精英、企业、普通农户、村委会、高校、科研机构等多方主体，使多方主体联合，形成生产大户＋农民合作社＋农户、乡村精英＋农民合作社＋农户、村委会＋农民合作社＋农户、企业＋农民合作社＋农户、高校/科研机构＋农民合作社＋农户等组织形式。这些组织形式能够充分汇聚人力、财力、物力，提供更好的产业发展条件，促进生态产业发展。资源整合的实现需要充分依赖乡村精英、企业、村委会等领办主体，领办主体在产业发展中起到引领、带动作用，并为了实现目标充分利用周边可利用的社会资源、物力资源、经济资源，更有利于实现生态产业可持续发展。

　　2. 农民合作社建设地选址措施　喀斯特石漠化地区农民合作社的选址需要考虑其发展的生态产业类型，根据具体的产业类型、交通便利度、地质地貌以及原有的可用场地等来确定选址地点。养牛专业合作社的建设地一般选在地势较为平坦、水源充足、交通便利的地方，便于牛棚的建设与牛的养殖。根据建设地的风向，农民合作社办公区和生活区设置在相对于养殖地较高的地方，一方面办公区的空气质量不会被牛棚的气味影响，另一方面也便于生产中的管理和监测。牛粪处理区通常设置在地势较低的地方，如设计沼气池，可直接将沼气池与其连通。

（二）生态种植技术体系

1. 生态种植物种筛选技术　喀斯特石漠化地区种植的树种需考虑喀斯特石漠化地区的生境环境，并能够实现生产与生态的协调可持续发展，选取树种需符合以下原则（表5-5）：①适生性原则，②良种选育原则，③生态与经济效益兼顾原则（任笔墨，2015）。喀斯特石漠化地区生态环境恶劣，冬季气温低且干旱缺水，土壤瘠薄，土壤含钙元素较多，缺乏氮、钾、磷等植物生长所需的营养元素（任笔墨，2015）。因此，石漠化地区生态种植的物种应选择抗冻耐旱、喜钙、耐瘠薄的适生性物种，确保在石漠化环境下能够生长良好。石漠化地区种植的物种需要具备治理石漠化的功效，能够带来较高的生态效益，因此，物种的采摘部位应为果实、花、叶并选择多年生植物，避免选取用根的物种，减少常年挖掘翻耕造成的水土流失。喀斯特石漠化地区种植的物种不仅要保证其生态效益，还需保证其经济效益。因此，需筛选价格稳定且销路良好的物种，保证经济效益，百姓才愿意投入人力、财力、物力开展生产。同一物种有不同品种，为保证品质、保留当地特色品种，需要对品种进行筛选，选取最适宜当地生长环境的特色品种，为后期打造地标产品，建立地方特色品牌奠定基础。

表5-5　喀斯特石漠化地区生态种植物种筛选原则（任笔墨，2015）

遵循原则	具备性质	石漠化治理中种植物种需要具备的性质
适生性原则	适宜性	属抗冻、耐旱、喜钙植物，适宜在喀斯特石漠化环境下生长
经济效益与生态效益兼顾原则	生态性、经济性	采摘部位为叶、花、果实，采摘不会造成水土流失；多年生植物，避免常年翻耕土地；销路良好，价格可观
特色品种筛选原则	经济性	保证筛选品种的品质，提升价值，为打造地方特色品牌奠定基础

2. 土地整理技术　在喀斯特石漠化地区开展生态种植，土地整理是前提。由于喀斯特地区山高坡陡、地形破碎，不适用大型机械，少部分地区可采用小型机械，主要依靠人工整地。根据种植物种，选择最适宜的整地时节，通常为

秋末冬初，去除土地中的杂草后，进行深松耙地，较大的土块耙细，高低不一的土地耙平，为植株创造良好的生长环境。喀斯特地区土层薄且普遍为坡耕地，土地整理除了要实现有效种植外，还应考虑如何防止水土流失。为此，喀斯特石漠化地区的土地整理应参考以下三种重要的整地方法（崔蕾，2016）（表5-6），分别为反坡梯田整地（图5-6）、穴状整地（图5-7）、鱼鳞坑整地（图5-8）。图5-6体现了反坡梯田与其他梯田的不同，反坡梯田整地能够显著增强梯田的蓄水保土作用，抗旱保墒能力强，为植被提供良好的生长条件。穴状整地为喀斯特地区较常见的整地方法，其优点为透水性、透气性好，具有一定的抗旱保墒作用（图5-7）。鱼鳞坑整地通过挖掘鱼鳞状土坑，并使土坑交错排列，能够有效拦截地表径流以及坡面流下的有机质，起到很好的水土保持作用，有利于植株生长（图5-8）。

表5-6　喀斯特石漠化地区三种主要整地方法（崔蕾，2016）

整地方法	内容	优点	图解
反坡梯田整地	坡面平整，堆积物疏松深厚，该整地方式适用于坡度为10°～35°的坡面。田面宽度可根据树种和坡度进行调整	反坡梯田抗旱保墒、蓄水保土效果显著，能够有效改善立地条件，为植被提供良好的生长环境	
穴状整地	平行于坡面自上而下，交错翻挖圆形或矩形坑，坑深一般为0.3～0.5m或0.3～0.4m。间距依树种株距确定。要求坑面平整、坑内土壤细碎	穴状坑容量大，能为植株提供充足的生长空间，且透气性、透水性良好，具有显著的抗旱保墒作用	
鱼鳞坑整地	鱼鳞坑平行于坡面，自上而下成"品"字形排列，一般坑长0.7～1.5m、宽0.5～1.0m。坑面一般向内倾斜或平行，将坑内挖出的土隆起形成弧形围埂，埂高0.2～0.3m	鱼鳞坑交错排列能有效拦截地表径流以及坡面流下的有机质，具有显著的保水保土作用，并且有效拦截营养物质能促进植株生长	

3. 农田基础设施建设技术　喀斯特石漠化地区发展生态种植业，需保障农田基础设施建设，保障植被生长所需的灌溉用水、生产道路等。喀斯特地区地表土壤瘠薄，保水性差，普遍存在缺水现象，迫切需要开发水利设施工程。

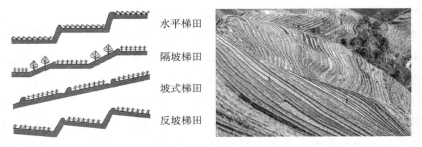

图 5-6　反坡梯田整地示意图

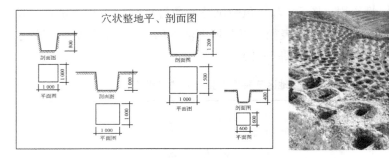

图 5-7　穴状整地示意图

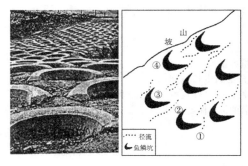

图 5-8　鱼鳞状整地示意图

目前，石漠化地区的水利设施建设技术已经较为成熟，通常采取以蓄为主，蓄、输、供相结合的水利工程开发方式，并开发了屋面集雨技术（图 5-9）、小型蓄水池（图 5-10a）、产业路建设（图 5-10b）。生产道路是实现生态种植业发展的重要基础设施，生产道路建设技术已经较为完善，其建设应利于生产、少占耕地，根据具体地势情况以及产业需求进行设计。在研究区及其他石漠化地区，虽难以实施机械化耕作，但生产道路的合理建设能够代替人工搬运，实现肥料、农产品的运输，便于实地监测植株的生长情况，能够显著提高生产效率。例如，在施秉研究区种植黄金梨的果园，通过生产道路的建设，能够将肥料分散运送到果园的各个区域，果实采摘后，又能从果园的各个区域批量运回基地。目前，研究区部分种植基地的肥料及果品运输还采用人工搬运，为节约人力物力应大力加强生产道路的建设，发挥小型生产、运输车辆的作用。

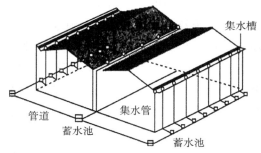

图 5-9　屋面集雨技术示意图

a　　　　　　　　　　　　　　　b

图 5-10　小型储水池及生产道路建设

4. 石漠化治理的增汇种植技术　在喀斯特石漠化地区选用具有适生性强、碳汇效益高的经济物种，采用乔木-灌木-牧草搭配的方式种植，能够有效增汇。通过穴播、点播技术，减少对土壤的扰动，从而减少土壤碳的流失（熊康宁 等，2016）。种植中，在保证植被的经济效益的情况下，尽可能选种多年生植被，减少翻耕土壤，降低土壤碳的流失，能有效促进退耕还林还草；施肥方面，采用测土配方、缓控释肥等方式或采用种植豆科牧草增肥的技术，显著减少化肥的施用，从而减少碳排放（熊康宁 等，2016）。

（三）生态养殖技术体系

1. 饲养物种选育技术　我国喀斯特地区山高坡陡，地形起伏大，海拔差大，大部分地区属于亚热带季风气候，适宜牧草的生长，为石漠化地区发展生态畜牧养殖业提供了良好的基础条件。在畜牧养殖中，饲养物种的选育是实现生态健康养殖的关键环节。饲养物种选择应充分考虑物种品质、适应性、饲草资源、肉质、生长速度、经济效益、当地养殖传统、政策导向等因素，因地制宜地选择适宜品种（池永宽，2019）。野外放养的物种选育，除保证其经济效益外，应适当考虑石漠化地区的环境保护，选择生态环境破坏小的物种。由于不同石漠化地区生境环境差异巨大，适合养殖的品种也各不相同，应在充分考虑不同喀斯特石漠化地区的生长环境、养殖传统及养殖习惯后，再确定养殖品种。例如，花江研究区为中-强度石漠化地区，生长牧草较少，不适宜放牧，更适宜采用青贮饲料圈养；而且花江示范区有长时间的养殖传统，主要养殖具备当地特色的关岭牛，深受消费者的欢迎。因此，花江研究区的生态养殖农民合作社可以选择传统的关岭牛作为养殖品种（图5-11a）。撒拉溪研究区海拔较高，昼夜温差大，适合天然牧草和人工牧草的生长；西门塔尔牛为引进牛与当地优质黄牛的杂交品种（图5-11b），耐粗饲、适应性强，有良好的放牧性能，适宜在撒拉溪研究区生长，且具有生长快、肉质鲜美、价格稳定等特点，市场上供不应求，深受当地养殖户的喜欢；因此，撒拉溪研究区的农民合作社主要选择西门塔尔牛作为养殖品种。

a   b

图5-11 关岭牛、改良的西门塔尔牛

2. 棚圈等基础设施建设技术 棚圈等基础设施建设是开展生态养殖业的重要保障，棚圈建设包括圈舍、干草棚、青贮池等配套措施。棚圈建设应保持通风透气，内设饮水设施、食槽、排泄物处理设施等。喀斯特石漠化地区的生态养殖业主要有牛、羊、猪、鸡等的养殖。其中，养牛业是收益最稳定、病害相对较少的养殖业，选择养牛的农户较多，由于喀斯特地区年降水分布不均、缺水问题严重，为更好地利用有限的资源，棚圈的设计可配套专门的设备来充分合理地利用资源。

为解决喀斯特地区现有牛棚，养殖功能场所分散，养殖环节连贯性差，资源未得到合理利用等问题，团队成员设计了一种专用于喀斯特高原地区的生态牛棚，包括养牛间、储料间、蓄水池、沼气池和顶棚（图5-12）（王琦 等，2018）。顶棚上设置有集雨面和太阳能电池板。该新型生态牛棚的储料间置于养牛间左侧，通过墙壁与养牛间隔开，通过出料门连通。养牛间后侧设蓄水池。沼气池设在养牛间右侧并埋于地下。储料间内部设有青贮池、进料门、排水口。养牛间内部设置围墙、消毒装置出水口和普通出水口，养牛间的地面上设有两个粪便进料口，粪便进料口和出水口通过管道连接沼气池内部（王琦等，2018）。该生态牛棚通过太阳能装置、沼气装置、集雨装置和储物间等创新型设置，能够有效提高水资源、光照资源的利用率，并提高单位土地建设面积的使用率，达到资源合理利用的目的，并解决养牛步骤不连贯以及各功能场所布局分散的问题。

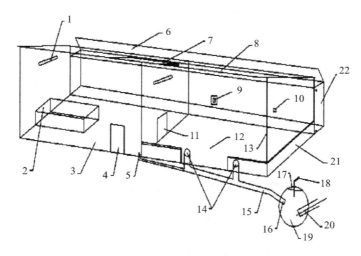

图5-12　喀斯特高原生态牛棚设计示意图（王琦 等，2018）

1. 太阳能灯管　2. 青贮池　3. 储料间　4. 进料门　5. 排水口　6. 遮阳板　7. 太阳能电池板　8. 集雨面　9. 消毒装置出水口　10. 一般出水口　11. 出料门　12. 养牛间　13. 顶棚支架　14. 粪便进料口　15. 管道　16. 进料口　17. 活动盖　18. 出气口　19. 主池　20. 出料口　21. 三面围墙　22. 蓄水池

生态养羊是喀斯特石漠化地区常见的生态养殖业，羊舍的选址是生态养羊需要考虑的重要因素。羊舍通常选建在地势较高、排水良好、水源充足、通风干燥的地方。在高海拔地区，由于冬季寒冷，应重点考虑羊舍的保暖问题。现阶段，羊舍的类型多样，主要有房屋式、封闭双坡式、干爽楼式羊舍。在我国潮湿多雨的喀斯特地区，多选择建造干爽楼式羊舍，以保证良好的通风效果，便于打扫，干净卫生。

3. 饲料加工及青贮技术 饲草加工是开展生态养殖产业的重要步骤。对饲喂原料进行加工，改善饲料的适口性，提高营养成分，提升消化率，能够显著提高饲喂效果。除对饲料进行直接加工外，还可通过调剂生熟饲料的饲喂比例改善饲喂效果。饲喂牧草时，可通过调剂禾本科牧草-豆科牧草的混播比例为牛羊提供更均衡的营养（张俞，2020）。通过干草和湿草混合加工，皇竹草、玉米秸秆等饲草粉碎加工的方式，可以显著改善饲草的适口性，提升消化率。

在生态养殖中，一些季节不能满足新鲜饲草的供给，因此，需通过干草调制技术、饲草青贮技术提高饲草的利用率。干草调制主要采用农地晾晒的形式，饲草晒干后储存在干草棚。团队对饲草青贮技术及青贮池设计技术开展了系列研发，设计了循环式青贮池、拆卸式青贮池、分隔式青贮窖及多功能青贮池，其中回收利用青贮液装置使青贮饲料的营养得到充分利用（熊康宁 等，2016；熊康宁 等，2017；许留兴 等，2016）。

4. 低碳养殖技术 喀斯特石漠化地区的低碳养殖技术，主要从喂养饲料和管理技术水平上实现，在养殖中降低工业饲料配比，大量种植增汇型牧草，用增汇型牧草代替工业饲料（张晖，2014）。提高秸秆等农业副产品的青贮化利用，例如，增加玉米秸秆的加工和青贮方式的研发，增加玉米秸秆的喂食。对畜禽养殖产生的粪便进行低碳化处理，构建循环利用方式。多采取林下养殖技术，有效消纳畜禽养殖产生的粪便，提高循环利用效率，减少碳排放。

二、共性关键技术及技术体系研发

（一）农民合作社组织形式创新策略

目前，喀斯特石漠化地区的农民合作社受到资金、技术、市场竞争力等各方面因素的制约，难以有效带动生态产业的发展，为了解决以上问题，可构建农民合作社组织创新联盟，通过多种机构的联合，共同引领农民合作社的产业发展。创新联盟由高校或科研机构、政府及相关业务部门、企业组成。各个机构在联盟中发挥各自的作用，完成各自的任务，促使联盟能够更好地带动农民合作社实现生态产业发展。联盟的形成需要政府及相关业务部门充分发挥作用，其通过发挥行政能力，整合资金、土地、劳动力等资源，组织协调科研单位及企业协同开展工作（刘艳鸿，2018）。资源整合方面，政府能够整合扶贫资金、生态产业发展资金，能够更加清晰各阶段国家的产业发展重点，从而为农民合作社的产业发展提供相关扶持政策，帮助合作社申请项目资金。除政策、资金等作用外，政府在合作社的建设中，可以为农民合作社提供更便利的办公用地，并申请配套的基础设施建设用款，促进合作社的发展。联盟中，高校或科研院所的主要任务在于技术研发、规划设计以及品牌打造等。高校及科研院所汇聚技术知识人才，在市场发展、农业技术、品牌打造等方面都具有相关专业技术人才，并具有高素质的科研人才及团队，对于生态产业发展所需技术能进行研发，开展符合市场需求的生态产品，设计符合现阶段市场需求的营销方式，能够在农民合作社的生态产业发展中发挥关键作用。企业在联盟中的主要作用是市场开拓、技术推广和经营管理。企业与上下游形成产业链，能够有效促进产品的生产、加工、销售，企业相对于合作社能够更有效把握市场信息，有更广阔的市场销售渠道，能够帮助合作社提升市场竞争力（图 5 - 13）。

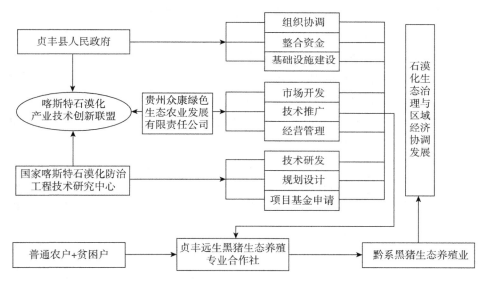

图 5 - 13 "产业技术创新联盟＋合作社＋农户"产业实施模式（刘艳鸿，2018）

（二）石漠化地区特色经济林管护技术体系

特色经济林产业是石漠化地区农民合作社选择最多的生态产业类型，特色经济林管护是否得当对实现经济收益至关重要。由于石漠化地区土层浅薄、多山地丘陵，容易出现土壤缺水、植株根茎外露等状况，经果林管护不到位会导致果实质量下降、产量降低，从而严重影响经济收益。因此，在喀斯特石漠化地区经果林管护技术尤其重要。经济作物种植后，对其进行科学合理的管护是保证品质，实现高产稳产的关键。种植业的管护技术包括间苗、补苗、中耕除草、灌溉、施肥、覆膜、病虫害防治等（任笔墨，2015）。由于不同喀斯特石漠化地区的地质地貌、气候、石漠化程度、土壤本底等条件不同，不同地区适宜生长的物种不同。因此，各个地区应根据各地的情况，在标准化生态种植的基础上做出适当的调整，以实现高质高产的目的。

采用间苗、补苗技术。由于不同地区石漠化程度差异较大，地质地貌等环境不同，土壤肥力差异大，为避免植株密度太高导致幼苗拥挤，争夺养分，对部分生长发育不良的幼株或病株应及时拔除。植株过于拥挤容易造成病虫害感染，因此，定期间苗尤为必要，不仅能够有效预防病虫害，还能够达到齐苗、壮苗的效果（任笔墨，2015）。对部分死亡或拔除的幼苗应及时进行补植，保证植株的整体存活率，从而保证生产产值。喀斯特石漠化地区补苗应以阴天带土补植为宜。

中耕除草是开展生态种植的必要步骤。石漠化地区的中耕除草技术，可以依照不同石漠化等级进行调整。在无-潜在石漠化地区及潜在-轻度石漠化地区，由于土壤相对较厚、养分充足，杂草通常生长更为茂盛，可以采取两次刈割技术进行除草，可使用单人式割草机进行一次刈割（图5-14a），再通过人工在割草机无法完成割刈的地方进行二次刈割（任笔墨，2015）。在中度石漠化地区，生长的杂草较少，可通过种植牧草防控杂草的方式，在杂草还未发芽之前，种植一层能够增加土壤肥力的豆科牧草，占用杂草的生长资源，使杂草缺乏生长空间。豆科牧草不仅不会影响其他灌木、乔木植株的生长，还能增强土壤肥力，促进其他植株生长。在强度石漠化地区，地表因水土流失严重，会出现部分植株的根系暴露在地面上的情况，容易使植株受旱受冻，影响植株生长。因此，在除草过程中，要适当结合培土，避免植株根部外露，以保护植株健康生长（任笔墨，2015）。

水分对植株的生长发育十分重要，因此，在石漠化地区开展生态种植，需要处理好植株的灌溉和排水问题，从而防旱、防涝。灌溉量、灌溉时间及次数要根据所种植株的需水特征以及气候、土壤条件等情况而定，实现适时、适当合理灌溉（任笔墨，2015）。喀斯特石漠化地区由于独特的地质结构，地表难以保住水分，通常比非喀斯特地区更容易缺水，为此，需要适时对植株进行浇灌（图5-14b），保证其有足够的水分生长发育。由于石漠化地区季节性缺水情况显著，应在植株种植区域周边修建储水池，并建设节约型喷灌系统，以便在干旱时节可以及时浇灌（任笔墨，2015）。

果实的质量需要土壤肥力来保证，土壤的天然肥力难以满足植株在各阶段的生长需求，需要通过施肥调节土壤的营养成分，从而保证植株在各个阶段生长发育需要，达到高质高产的目的。石漠化地区的施肥，除根据各个植株各生长发育阶段来定量施肥外，还需要根据不同石漠化等级地区的土壤肥力对施肥量及施肥次数进行调整（任笔墨，2015）。同时，可采用缓控释肥技术，达到

a   b

图 5-14　单人式割草机及喷灌

植株更有效地吸收养分的目的。在石漠化地区，农家肥较为常见，可予以充分利用，将腐熟的农家肥与土灰混合均匀用作植株的底肥，能够显著提升土壤肥力，有益于植株生长。

修枝整形是控制植株生长的有效措施。修枝整形可有效剪除病枝和徒长枝，改善植株的通风条件，提高光合速率，减少养分的损耗，促进植株有益部分的生长发育，从而提高植株的产量，改善产品品质，对植株生长有积极作用。

覆膜、支架能保证植株健康生长。石漠化地区昼夜温差大，根据植株的需求，在适当时候，将稻草、塑料薄膜等覆盖在幼苗或植株的根系周围，可起到调节土温、湿度的作用，同时能够防止杂草生长，具有抗冻抗旱的功能（任笔墨，2015）。在喀斯特石漠化地区，为了有更好的石漠化治理效果，会筛选一些攀缘类的植物进行种植，如金银花，为了支持植株的生长，使枝条有足够的生长空间，增加叶面的受光面积，应为植株搭建合适的支架，以保证植株枝条的延展。

在石漠化地区采取农业防治法防治病虫害。植株种植地区可采取合理轮作和间作，按时耕作、除草、修剪并清除田间杂草，能够改善植株的生长条件，增加空气流通，进而更好地防治病虫害（任笔墨，2015）。必要时，也可以适当采用化学农药防治病虫害。

（三）石漠化地区特色经济林修枝整形技术体系

喀斯特石漠化地区农民合作社选择数量较多且经济效益较好的生态产业为当地的特色经果林，由于选取的经果林具有当地特色且适合该区的生长环境，因此，能够生长良好，带来相对稳定的经济收益。但目前，部分生态经济林出现老化等现象，另外一些经济林枝丫生长徒长，严重影响果实产量及果品质量。修枝整形技术能够有效提升经果林的品质和产量，从而有效提升农户收益。根据三个研究区高产丰产且能够显著增加土地覆被的高效经济林产业，介绍石漠化地区特色经济林产业的修枝整形技术体系。撒拉溪研究区选择刺梨经果林产业，花江研究区选择花椒经济林产业。

刺梨的修枝整形技术。刺梨为小型灌木，枝条丛生，对其修枝整形的关键是保持树冠通风透光。针对植株幼苗，应及时修剪下垂枝、损伤枝、近地枝，从而有效避免养分浪费。刺梨植株生长 2 年后，可采用开心型树形对植株进行修剪，将植株的冠幅控制在 1.5m 左右，不超过 2m，剪除过密枝丫，保留 5～6 根主要枝条，能够有效保证植株的产果量和果实品质。刺梨植株进入衰老期后，结果量会严重下降，并导致果品质量下降。为了帮助刺梨植株复壮，在植株进入衰老期时，需及时剪截衰老枝条，促进新枝萌发，有效延长植株寿命，提高产量、保证果实品质。

花椒的修枝整形技术。为显著提高花椒的产量，关岭-贞丰花江研究区对花椒实行了科学的丰产技术，该方法适用于对衰老期植株复壮，科学的剪截衰老枝条，促进新枝条的萌发生长，实现植株复壮，有效达到延长植株寿命、提高产量的目的。该修剪技术同时适宜于幼龄植株修枝培育定型，在主树干距根部 50～60cm 处，选取生长较好的 3 个枝丫进行培育，剪除其他枝丫，培育的 3 个主要枝丫大体成 60°，并在各个主枝上分别培育 2～3 个侧枝，如图 5-15。树高一般控制在 2.5～3m（张俞，2020）。通过上述方式修剪定型，能够显著增加花椒产量、提升花椒品质。花椒树的丰产期主要采取短剪的方式，增加结果枝，健壮植株需轻剪，衰弱植株宜重剪；每年收果后，应及时剪除病虫枝及生长过分密集的枝条，以保证枝条获得充足的光照（张俞，2020）。

图 5-15　花椒丰产栽培技术示意图（张俞，2020）

（四）石漠化地区农民合作社集水养蓄技术体系

喀斯特石漠化山区地表水自然流失量大、保水效果差，降水资源的空间分布不均，导致大部分喀斯特石漠化地区缺水严重。雨季的降水在特殊的地质条件下难以得到有效储存，由于水资源的缺乏，严重制约石漠化地区畜牧养殖业的发展。

尤其是在喀斯特石漠化高原山地地区，由于海拔高，天气寒冷，不具备发展种植业和高效林产业的条件，但牧草生长良好，高山肉牛价格稳定，销路广阔。因此，高原山地地区的农户期望发展肉牛养殖产业。团队研发的喀斯特山区集水养畜系统，能够充分合理利用喀斯特山区有限的降水资源，实现可持续牲畜养殖（熊康宁 等，2016）。

喀斯特山区农民合作社集水养畜系统包括合作社管理居住房、圈舍，在合作社管理居住房及圈舍附近设置大型过滤池、人用饮水池以及牲畜饮水池；管理居住房和圈舍的屋顶屋檐设置集雨装置，并将排水口通过管道连接到大型过滤池；采用这种方式在所有圈舍附近的山体低洼处都建有蓄水池和过滤池，海拔较高的蓄水池之间通过管道，由高到低串联后连接至大型过滤池，低于圈舍屋顶海拔的蓄水池通过提水泵连接至大型过滤池（熊康宁 等，2016）。该集水养畜系统的圈舍和管理居住房最好建在草地或耕地旁，并且最好能够建设在泉点附近。

实施案例：如图5-16所示，包括用于圈养牲畜的圈舍1和用于人员居住的管理居住房2，在圈舍1与管理居住房2的附近设有大型过滤池3，一个牲畜饮水池4和一个人饮水池5，大型过滤池3的上部与牲畜饮水池4和人饮水池5连通，过滤后的水可从大型过滤池3的上部自动流入牲畜饮水池4和人饮水池5中；圈舍1和管理居住房2的屋顶雨水通过管道排放至过滤池3；在圈舍1附近的山体4的低洼处建有多个蓄水池5和过滤池6，过滤池6的上部与蓄水池5连通；高于圈舍1房屋海拔的蓄水池5之间通过管道7由高到低串联后连接至大型过滤池3，低于圈舍1房屋海拔的蓄水池5通过提水泵8连接至大型过滤池3。牲畜饮水池4通过提水泵8和管道7连接至高于圈舍1房屋海拔的蓄水池5，并且牲畜饮水池4还通过管道7连接低于圈舍1房屋海拔的蓄水池5，圈舍1和管理居住房2周边为草地或耕地，在平时降雨时是蓄水池5和过滤池6水的主要来源，在缺水时可提供灌溉用水。在圈舍1和管理居住房2附近有泉点，泉点中的泉水通过管道引入牲畜饮水池4和人饮水池5（熊康宁 等，2016）。

工作原理：下雨时，圈舍1和管理居住房2的屋顶雨水通过管道流入大型过滤池3中，建在山体4的低洼处的多个蓄水池5和过滤池6收集降雨及坡面流水，高于圈舍1房屋海拔的蓄水池5中的水通过管道7由高到低自然流入大

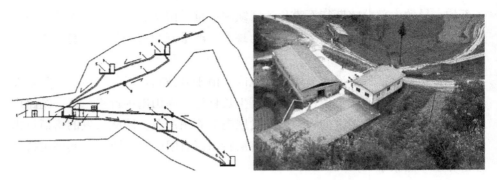

图 5-16　研究区集水养殖农民合作社及圈舍示意图

型过滤池 3 中储存，低于圈舍 1 房屋海拔的蓄水池 5 中的水通过提水泵 8 调入大型过滤池 3 中储存；当牲畜饮水池 4 中有多余的水时，可通过提水泵 8 调入高于圈舍 1 房屋海拔的蓄水池 5 中储存，并通过管道 7 在重力作用下自然流入低于圈舍 1 房屋海拔的蓄水池 5 中储存（熊康宁 等，2016）。在收集的雨水不足以保证供水时，可通过抽取圈舍 1 和管理居住房 2 附近泉点的泉水进行补给。

　　该技术利用喀斯特山区特殊的环境与山区优势，充分利用喀斯特山区的降水资源，形成一个广泛收集雨水，补给多样的水资源综合利用体系，使喀斯特山区的各种水资源得到充分合理的利用，减少水资源的流失，降低成本，为喀斯特山区发展畜牧养殖业创造了条件。

（五）石漠化地区生态养殖技术体系

1. 生猪养殖技术　以贵州省畜牧兽医研究所培育的"黔猪配套系"为种猪品种，具备如下性能。种母猪使用年限为 3～5 年，后备期 8 个月，受胎率 95%，年产 2.3 胎，每胎平均产仔猪 10 头，年平均产仔猪 23 头，仔猪成活率达 94%。种公猪使用年限为 3～5 年，后备期 10 个月，精子量 200mL，精子活力达到标准（刘艳鸿，2018）（图 5-17）。种猪不携带五号病、生猪蓝耳病、猪瘟等传染病。养殖生猪前，对圈舍进行冲洗，将污渍清洗干净，然后用生石灰或喷洒消毒剂消毒，关窗密封 1 天后，再开窗通风，等味道散去后，再进行养殖。生猪喜食谷物、草茎、藤蔓、瓜果等，饲养中，需每天为其提供 3 次吃食，早晚喂食玉米等谷物饲料，中午喂食红薯藤、构树叶等青饲料，青饲料可根据不同喀斯特地区生长的植物，筛选生猪喜食，且该地区易于种植或生长较多的瓜果、草茎、藤蔓。猪圈需定期清理，每周打扫 1 次为宜，将圈内的食物残渣、尿液、粪便清除干净，对食槽和水槽做消毒处理，以减少细菌滋生，防治疾病。生猪的免疫力较差，需要定期为其接种疫苗，提高生猪的抗病性。冬季低温天气，需用布或草帘遮挡圈舍的通风处，加强防寒效果，防止生猪受凉。夏季温度高时，可通过洒水降温，避免生猪中暑。

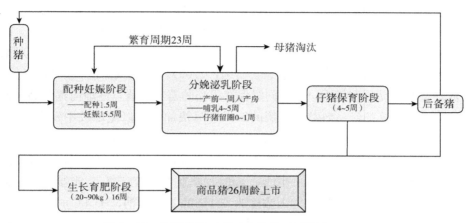

图 5-17　生猪养殖工程工艺流程（刘艳鸿，2018）

2. 肉牛养殖技术　牛舍应建立在地势较高、干燥、通风、牧草资源丰富且交通条件良好的地方，良好的养殖环境能够提高饲料的消化吸收率，降低饲喂成本，保证肉牛的健康生长。养殖品种选取直接影响养殖效益，选择健壮、无疾病的西门塔尔牛为种公牛、本地牛为种母牛，生产的肉牛能够达到肉质鲜美、生长快并适应当地环境的效果。肉牛主要喂食牧草，由于牧草每个季节的生长情况差异较大，一方面需对牧草进行青贮加工或生产成干草料备用，另一方面饲喂中可以根据季节变化来调整饲喂量和饲喂次数。例如，可在牧草生长旺盛的夏季每天饲喂 3～4 次，以牧草为主，配合适量复合饲料，并在喂食结束后，及时喂水。在冬春季，每天可减少 1 次投喂，减少牧草的喂食，提高复合饲料的喂食比例。养殖场应尽量为肉牛提供活动场地，保证肉牛的适当运动，能有效促进肉牛的新陈代谢，防止积食。饲养中应定期对肉牛进行消毒驱虫，加强防疫。头牛养殖还需定期对牛棚进行消毒，可喷消毒剂或泼洒生石灰消毒，并注意食槽、水槽的消毒。牛舍的温度控制对肉牛养殖同样重要，夏季高温要注意防止肉牛受到阳光直射，避免肉牛中暑，应提高牛舍的隐蔽性，增加通风性。

（六）石漠化地区特色经济林果实加工及产品开发技术体系

高效经济林果产业是农民合作社选择最多的生态产业类型，果实加工和产品开发是快速提升果实价值的有效渠道。喀斯特石漠化地区常见的果实的加工及产品开发技术能够帮助农户提升收益，有利于实现喀斯特石漠化地区高效林果产业的可持续发展。

1. 刺梨加工及产品开发技术 刺梨的维生素 C 含量高，同时还富含维生素 B_1、B_2 等 16 种微量元素，刺梨富含抗癌物质以及抗衰老物质超氧化物歧化酶（SOD），还具有健脾消食，消积食，滋补强肾的功效，被誉为长寿果。因此，刺梨的开发前景广阔，应受到保护和重视。现阶段，刺梨产品主要有刺梨果酱、果汁、果醋、果酒、果干等（侯璐，2009）。刺梨饮品的开发技术已较为成熟，其饮品具有优质口感，同时保持很高的营养价值，逐渐向保健品方向发展，具有较高的经济效益。采摘的鲜果应尽快加工，以免堆放中发生霉变；在加工及储存过程中避免阳光直射以有效保持刺梨汁的色泽和维生素 C 的含量，加工中选取不锈钢材质器皿；选果环节选取成熟度适中的果实，清洗后压榨取汁，取汁率一般为 30%～40%；瞬时加热刺梨汁至 75℃，能够有效保存其营养成分，果汁冷却后，加入浓度为 0.1% 的苯甲酸钠，于 4℃ 的恒温冷库储存 15 日，待刺梨汁自行沉淀，过滤掉粗纤维、果肉等杂质，得到刺梨原汁（张俞，2019）（图 5－18）。刺梨原汁是目前出口国外的高级保健品。为了改善刺梨原汁的口感，让更多人接受它的味道，形成受广大群众喜爱的饮品，需将刺梨原汁按 1∶1.5 的比例加入蔗糖，并加入 0.1% 的柠檬酸，后进行融糖加热，待完全混合后过滤，便可以进行装瓶包装，再使用巴氏消毒后即可入库。

图 5－18　刺梨原汁与刺梨果汁产品

2. 花椒的加工与产品开发技术 花椒可作调味料、中药材、保健品，其枝干可制作木制品等，具有广阔的市场前景，且经济价值可观。生花椒的初步加工，主要是花椒的晾晒和保存。目前，研究区农民合作社采取机器烘干的形式较多，可显著提高效率，达到花椒烘干后色泽漂亮、麻味足、营养物质有效保留的目的。操作步骤为每年八九月份在花椒成熟期采摘果实饱满、无病虫害、果皮呈青褐色的成熟果，将花椒颗粒及其下方的枝叶一同剪下，以节约人力。将采摘的花椒连同枝丫一起放入碎枝机里，加工出来，就只剩下果实，将花椒果实放入烘干机，烘干、脱籽，保留烘干的花椒果皮，日常生活中用于调味的干花椒就生产完毕，采用 4kPa 真空包装，有利于干花椒的长期保存。对花椒开展进一步研发，开发其他花椒产品如花椒油、花椒粉（图 5-19）。花椒油的制作过程：精选新鲜花椒→洗净→晾干表面水分→放入菜籽油中→浸泡→油炸花椒→提香→过滤→冷却→分装→质检→成品。花椒粉的制作过程：精选干花椒果皮，用炒货机在 120～130℃ 下炒制 6～10min，取出自然冷却至常温，用粉碎机粉碎至 80～100 目，包装制成成品。

图 5-19　花江研究区开发的花椒产品

3. 梨子加工与产品开发技术　梨罐头是深受广大消费者喜爱的食品（图 5-20）。梨罐头的制作步骤：原料选择→清洗→去皮→切分、去核→修整→热烫→分选→装罐→灌糖液→加热排气杀菌→封罐→冷却→检验。首先，选取新鲜饱满、成熟度高、表面完整、无霉烂、无冻伤、无病虫害和明显伤口的果实，清洗、去核。挑出外观不好或有残缺的果块，将梨块放入 1%～2%的盐水中，再加入少量柠檬酸，以防止酶促褐变影响食用品质。在清水中放入 0.1%～0.2%的柠檬酸，加热煮沸 5～10min。在消毒过的玻璃罐里，装入果

图 5-20　施秉研究区的黄金梨及梨罐头

块。装罐量为 50％以上，果块的大小要均匀，糖水浓度在 12％～16％，糖液温度为 50℃，要灌满于顶部的距离约为 10mm。为了达到酸甜可口的效果在配制糖液时，还要配入适量的柠檬酸，pH 要在 3.7～4.2，加入量为糖液的0.2％。经过排气、封罐、消毒、冷却，在常温库房中储存 1 周，即为罐头成品（张俞，2020）。

4. 火龙果加工与产品开发技术 火龙果是热带水果，口感香甜，营养价值丰富，病虫害少，产果周期长，是绿色、环保果品，火龙果的缺点为储存时间短，常温下仅能储存 15 天。火龙果可以制成火龙果干、火龙果酒，且味道甘甜可口，深受消费者喜爱（图 5 - 21）。将火龙果加工成果酒，能够大大延长储存时间，不仅如此，果酒的生产可以选取品相不好的小果，避免小果因难以售卖而废弃。火龙果酒的工艺流程：果实选取→清洗→去皮→破碎→前发酵→榨酒→后发酵→调整酒精度数→储藏。具体操作流程：将果清洗、去皮后破碎成浆状，在果浆中加入 5％的酵母糖液（含糖 8.5％），搅拌混合，进行前发酵。前发酵温度控制在 20～25℃，时间为 5～6 天。当果浆的残糖降至 1％时，进行压榨分离，将果浆汁液转入后发酵。后发酵温度为 15～20℃，30 天后进行分离，即为成品。最终产品的酒精度调整控制在 12％，并补加适量砂糖，调整口感（郭启科，2019）。

图 5 - 21　花江研究区开发的火龙果酒及火龙果干

（七）石漠化地区农民合作社衍生产业技术体系

通过农民合作社实现衍生产业发展，需以特色优势农产品为立足点，制定产品开发重点，对农产品开展深入加工，增加产品附加值，延长产业链，发挥当地特色农产品的最大价值。将经济林产品进行深加工，例如，梨加工为梨汁、梨罐头，核桃加工为核桃露、核桃糖，李子加工成果酱、果脯、果干，火龙果制成火龙果酒、火龙果干，刺梨加工成饮料、果酒，花椒制成花椒粉、花椒油，花椒枝干制成磨牙棒、足浴盆等；将养殖畜牧业衍生成生产加工一体化产业链，牛肉加工成牛肉干、牛肉罐头，猪肉加工成腊肠、腊肉、猪肉干等；通过农民合作社将传统种植业和养殖业与加工业有效衔接，这需要政府及职能部门提供政策支持，高校或科研院所提供技术支持，老百姓提供人力物力支持，公司及企业提供信息及销售渠道支持。

充分挖掘喀斯特地区的旅游资源，将壮观的喀斯特景观与独特震撼的石漠化风光结合，打造科学教育基地。建立生态农业观光园，结合蜂糖李、火龙果等特色经果林建立采摘园，丰富游客的参与感和体验感，打造农-旅结合型产业模式，并带动当地餐饮、交通、住宿等服务业的发展。石漠化地区旅游业的发展还可以通过组织特色节日，例如，在花江示范区开展火龙果节（图5-22），有效增加游客体验感，并提升火龙果各种产品的销售量，提高知名度。

图5-22　花江研究区的火龙果节现场

石漠化地区的衍生产业发展还应注重发挥本地特色产业优势，坚持市场主导、政府服务，激发农民从事农业生产的内生动力，保障技术人才支撑。石漠化地区农民合作社发展生态衍生产业应以本地特色优势资源为基础，加大政策引导和技术投入，发展畜牧产品与农林产品的加工工艺，实行产品创新，激发旅游发展潜力，拓展产业链，促使农业衍生至加工业、旅游服务业。农民合作社通过与科研院所深入结合，规划试验田、实验区，科研院所能够更有效地开发苗木培育技术、科学种植养殖技术、衍生产品技术等，并能够及时有效地应用推广到农民合作社的生产经营中，提升产品质量、提高生产效率，增加产品附加值，实现石漠化地区产业结构的优化升级。

三、不同等级石漠化技术措施优化与集成

在不同等级石漠化地区，由于社会经济条件、传统文化、地貌类型、气候特征、景观等因素的差异，各个研究区的农民合作社选择发展的生态产业具有显著差异。根据各研究区的特点集成了无-潜在石漠化区、潜在-轻度石漠化区、中-强度石漠化区农民合作社驱动生态产业发展的技术体系（图5-23）。

以关岭-贞丰花江示范区为代表的中-强度石漠化地区，具备一定生态产业发展基础，该地区属干热河谷气候，适合多种亚热带经果林生长，地标产品顶

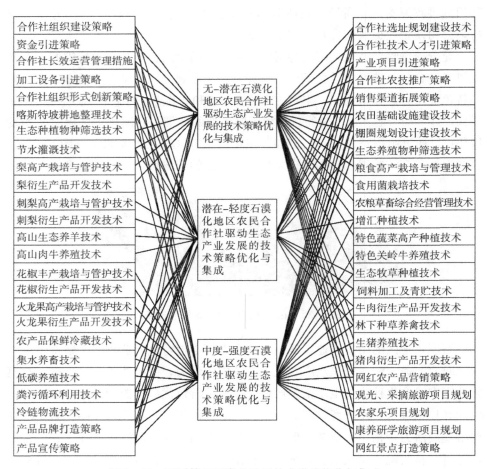

图 5-23 不同等级石漠化地区技术措施优化与集成

坛花椒和关岭牛具备较好的产业基础，有独特震撼的喀斯特风光，具备一定的旅游发展基础。因此，中-强度石漠化地区的技术体系应结合上述特色优势产业，集成并优化相关技术。

以毕节撒拉溪示范区为代表的潜在-轻度石漠化地区，土壤主要为黄壤，土层较厚，但该区海拔较高，降水量少，植被相对单一，该区的农民合作意识淡薄，农民合作社数量少。该区适合刺梨生长，高山肉牛养殖是深受当地百姓喜爱的产业。因此，围绕上述特色优势产业形成适合的产业技术体系。

以施秉研究区为代表的无-潜在石漠化地区，植被结构良好，森林覆盖率高，土层厚，适合经果林、蔬菜、粮食、林下养禽等产业的发展，并且该区具有较好的旅游资源。因此，围绕上述特色优势产业建立适合的技术及措施体系。

　　不同等级石漠化地区，由于资源、气候等条件不同，适宜发展的产业差异较大，在集成的技术及措施中，农民合作社建设的技术措施相对一致，其他技术措施会因各地区所选择产业的不同而存在差异。

　　综上，本章分析了石漠化地区农民合作社驱动生态产业发展的主要模式，对现有成熟技术与共性关键技术进行了总结，根据石漠化治理与生态产业协同发展的目标，集成创新了石漠化地区农民合作社驱动生态产业发展的模式与技术体系，并且依据不同石漠化环境及区域自然、社会、经济情况构建了喀斯特高原山地石漠化防治与混农林产业驱动型合作社复合经营模式、喀斯特高原峡谷石漠化综合治理与特色高效林产业合作社规模经营模式，提出了主要模式的结构、功能性状和边界条件，针对石漠化地区农民合作社驱动生态产业发展的目标，对石漠化治理中农民合作社驱动生态产业发展的技术措施进行优化与集成，完善了模式的结构与功能。

第六章

石漠化治理中农民合作社生态
产业驱动模式应用示范与推广

在前文选取的毕节撒拉溪、关岭-贞丰花江和施秉三个石漠化综合治理示范区建立合作社驱动生态产业发展模式示范点，对构建模式及技术进行示范及效果验证。建立推广适宜性评价指标体系，利用 GIS 空间叠加分析法，将构建的模式在中国南方喀斯特八省份进行推广适宜性分析，确定适宜推广区域。

第一节 模式应用示范与验证

一、示范点建设目标与建设内容

在三个示范区各自选取运营良好且有效驱动了当地生态产业发展的农民合作社作为示范点，示范点的选取重点考虑合作社实现生态产业发展的情况、合作社的运营情况、合作社带动周边农户的情况，并尽可能满足交通方便、位置显著、利于周边农户参考学习等条件，这些条件有助于模式及技术的推广应用。

农民合作社生态产业驱动模式的示范点选取，应重点考虑其驱动产业是否为当地的特色生态产业，当地特色生态产业适宜当地环境，可操作性强，竞争力强，并且适宜在环境相似地区推广。示范点选取的产业应充分考虑市场需求，选取市场潜力大、适宜在当地发展并具有一定地域特色的生态产业，此类产业可有效缩短产业模式的收益周期，快速实现产业变现，能够有效提升当地居民的生活质量，有利于农民合作社生态产业驱动模式的可持续发展。

结合上述分析，选取可行性强、示范性强的合作社作为示范点，对本研究构建的模式及部分技术开展示范验证，为石漠化治理工作人员及当地百姓提供观摩学习的试点，为喀斯特石漠化地区农民合作社推动生态产业发展提供参考。

（一）毕节撒拉溪示范区示范点

该区以潜在-轻度石漠化为主，传统粮食作物为玉米、马铃薯等常年翻耕型作物，此类作物种植极易造成水土流失，并且经济效益低下。另外，由于自然资源禀赋较差，百姓文化水平低，研究区发展的生态经济产业类型少、产业链短，农民合作社数量少，现有资源没有得到充分合理的利用。介于示范区的状况，通过农民合作社生态产业驱动模式的建立，重点实现当地农户产业增收，并通过生态产业建设组合，充分实现减缓水土流失，增加植被覆盖度，降低石漠化等级，达到生态、经济可持续协调发展的目的。建设内容主要为培育农民合作社，并实现生态种植、养殖业的发展。以生产大户为主要动力，协调村委会的力量，培育七星关区撒拉溪镇永红林木种养殖专业合作社；并且结合示范区适宜发展的生态产业，开展生态养牛、林下种草养鸡等内容，林下种植的黑麦草等为肉牛提供青饲料，肉牛养殖的粪污等又为牧草、果树提供养料，建立了喀斯特高原山地石漠化防治与林草畜禽合作社复合经营模式示范点。

示范点设在冲锋村，该区域具有以下特征。

（1）该区域主要种植玉米、马铃薯等传统作物，主要用于生活自给或饲喂牲畜，农产品商品率低。经果林种植普遍，主要以刺梨和核桃为主，由于缺乏科学管护，果实产量低。经果林下多配置牧草，配置牧草品种有百三叶、鸭茅、黑麦草等。该区亟须引进科学管护技术，整合资源，开展综合经营。

（2）区域经济、教育、卫生、文化事业发展都相对缓慢，交通条件落后，产业发展滞后，当地鲜少有规模化产业发展，百姓期望通过发展产业致富的意愿强烈。

（3）农民合作社数量少，以能人领办型为主，合作社涉及的生态产业以畜牧养殖、养蜂业为主，规模总体不大。示范区劳动力人口较多，占该村总人口的50%以上。示范点位于示范区中心的位置，能够辐射整个示范区，示范性较强。

（二）关岭-贞丰花江示范区示范点

该区以中度-强度石漠化为主，基岩裸露率较高，土层浅薄，但由于该区具有特殊的干热河谷气候，为部分高效特色林提供了良好的生长条件，并且石漠化治理工程的长期开展为该区奠定了一定的特色产业基础。然而，该示范区仍然存在农产品加工程度低、产业链短等问题，农户的合作意识淡薄，农民合作社数量少，未能有效整合资源。基于示范区的现状，整合多方资源，培育农民合作社，规模化、专业化发展特色高效林产业成为主要目标。示范建设重点选取当地的特色林花椒作为支撑产业，发掘积极性高并具备一定的花椒产业发展基础的生产大户，扶持其组建花椒生产加工合作社，并通过协调政府部门、科研机构、村委会、外商等各方力量为其解决产业发展中遇到的问题，实现花椒产业的规模化发展、花椒深加工以及产业链的延伸，并对集水灌溉技术以及花椒树丰产技术进行了示范，建立高原峡谷农民合作社特色高效林产业示范基地。

该区示范点设在坝山村，该区域具有以下特征。

（1）传统作物为玉米，种植面积很少，主要种植经济林果等产业，该区的经济林产业以花椒为主，少部分百姓种植蜂糖李。

（2）近年来，以当地花椒为依托的产业发展迅速，农民的收入得到提升。产业路、蓄水池等农田基础设施基本得到保障，百姓发展花椒产业的意愿强烈。

（3）该区域农民合作社以能人领办型为主，合作社涉及的产业以花椒生产加工为主。示范点外出务工人员较多，占该村总人口的50%以上，当地花椒产业发展的劳动力主要依靠50岁以上在家务农的中老年人。示范点的位置位于示范区的核心地区，能够辐射整个示范区。

（三）施秉喀斯特示范区示范点

该区以无-潜在石漠化为主，区内地势以平坦的洼地、坝地为主，适合粮食、蔬菜、水果、中药材等生长；禽畜食用型植被丰富，适合鸡、鸭、鹅、猪等生态养殖业的发展；风景独特壮观，交通通达性较好，基础设施齐全，适合旅游业发展。然而，该区仍然以小农经济为主，大部分百姓依靠在外务工来维持生计，百姓对发展属于自己的产业具有极大的积极性，并希望能够实现就近就业和务工。示范点的建设目标为建立合作社多产业权衡经营模式，发挥示范区多元化产业优势，带动当地百姓增收。示范点建设重点选取白塘村为产业建设基地，充分发挥政府及有关部门的牵头作用，统筹各方资源，覆盖村全部百姓，分板块多产业权衡经营。

该示范区的示范点有两个，分别设在白塘村和白垛村，示范点具有以下特征。

（1）示范点地势平坦，适合种植水稻，也适合甘蓝等蔬菜种植，鸡、鸭、鹅、猪等生态养殖业发展良好。

（2）示范点产业发展效果较好，产业道路、蓄水池等农田基础设施基本得到保障，百姓发展多样化生态产业的意愿强烈。

（3）示范区农民合作社以村集体带动型为主，合作社成员覆盖周边农户，合作社涉及的产业以传统种植、养殖业（如蔬菜、食用菌、水果生产）为主。

示范点在本地务工人员较多，本地产业发展有较充足的劳动力。示范点的位置位于示范区的核心地区，能够辐射整个示范区。

二、模式规划设计与应用示范

（一）毕节模式

1. 规划设计　通过农民合作社生态产业驱动模式（图 6-1）的建立重点实现当地农户产业增收，并通过生态产业建设组合，充分实现减缓水土流失，增加植被覆盖度，降低石漠化等级，达到生态、经济协调发展的目的。建设内容主要为培育农民合作社，并且以农民合作社为载体实现生态种植养殖业的发展。以生产大户为农民合作社主要领导者，通过村委会的协调，在冲锋村培育七星关区撒拉溪镇永红林木种植养殖专业合作社；并结合示范区适宜发展的生态产业，开展生态养牛、生态养蜂、林下种草养鸡等内容，林下种植的黑麦草等，为肉牛提供青饲料，肉牛养殖的粪污等又为牧草、果树提供养料，建立高原山地种植养殖结合型产业示范基地。

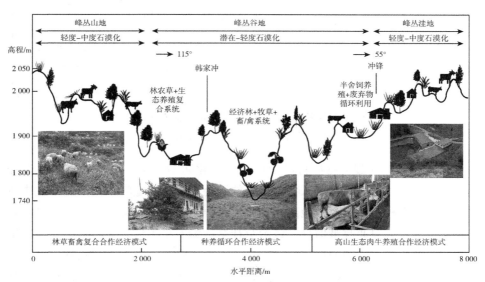

图 6-1　喀斯特高原山地石漠化防治与混农林产业驱动合作社复合经营模式

示范区采取的技术体系（图 6-2）：（1）农民合作社建设技术体系；（2）林农草生态养殖复合经营技术体系；（3）集水养禽技术，通过引水管网串联蓄水池、泉点，建立高山鸡禽养殖水资源供给网，实现水资源的优化调度，为喀斯特高原山地水资源匮乏地区饲养鸡禽提供示范；（4）林下养殖立体经营技术体系。

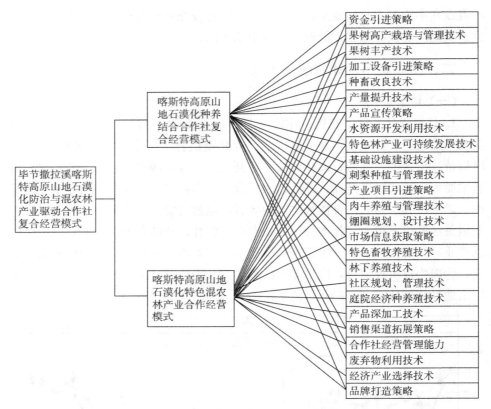

图 6-2　喀斯特高原山地石漠化防治与混农林产业驱动
合作社复合经营模式及技术策略集成

2. 应用示范　建立喀斯特高原山地石漠化防治与林草畜禽合作社复合经营模式示范点，经过对示范区各个地区的综合考量，决定将示范点建立在毕节撒拉溪镇冲锋村，该示范社距离冲锋村村委会70m，能够准确、高效地接收到政府部门的相关农业政策信息。该示范社全称为七星关区撒拉溪永红林木种植养殖专业合作社，注册时间为2015年3月，注册资金为268万元整，组织形式为能人领办型，示范社结合当地适合发展的产业，开展生态养牛、林下种草养鸡等产业项目。

该合作社的特色产业选取及循环型种植、养殖技术具有较强的创新示范性，示范社涉及的产业全部为当地特色优势产业，具体的产业及规模见表6-1。该示范社充分利用毕节示范区高原山地地区特色产业优势，以生态肉牛养殖作为农民合作社的核心产业（图6-3a），养殖品种选取西门塔尔牛第三代繁育品种，该品种牛在市场上备受欢迎。示范社所在地为高原山地，海拔

1 600m左右，适合人工牧草生长，为肉牛养殖提供了足够的青饲料，能够有效保障肉牛健康生长。该示范社主要采取仔牛育肥后售卖的经营模式，销售区域范围广，省内市场主要有贵阳、毕节，省外市场主要为四川、湖南、山东等地。肉牛一年四季都有交易，交易期主要集中在每年的2—3月，合作社充分拓展了销售渠道，使牛市信息更加通畅。该示范社开展生态养牛，为当地百姓提供了产业致富的范例，合作社免费为当地百姓提供技术指导，百姓自己养殖中遇到问题能够随时找合作社成员咨询，显著提升了百姓养殖肉牛的积极性。

表6-1　毕节示范社涉及的产业及规模

涉及产业	品种	规模	投入资金	具体建设
林下种草	黑麦草	50 亩	10 万元	种子购置、翻耕、撒种、割草等人工费
生态养牛	西门塔尔	30 头	40 万元	建设饲养棚圈及购买仔牛
林下养鸡	当地土鸡	1 200 只	19 万元	修路、接通水管、建鸡舍、买鸡苗
刺梨	贵农 5 号	50 亩	5 000 元	土地流转费用，刺梨为政府项目种植
核桃	本地核桃	50 亩	5 000 元	土地流转费用，核桃为政府项目种植
玉米	本地玉米	3 亩	0 元	翻耕、种植、采摘

a　　　　　　　　　　b

图6-3　高山生态肉牛养殖与林下养鸡

　　除生态养牛外，该示范社还有效开展了刺梨林下养鸡项目（图6-3b），示范社充分利用了该区刺梨地，选取行间距为2m×3m的成熟期刺梨地，在刺梨地下播撒黑麦草种子，2m×3m的行间距，为土鸡提供了充足的运动空间，成熟的刺梨树具备良好的遮阴效果，为土鸡提供了相对自然的生长环境，播撒的黑麦草，为土鸡补充食物，养殖区修建了专用鸡棚，透气透光。毕节示范区缺水，因此，建立了集水养殖系统，保障了土鸡的日常饮水。由于以上良好生长环境的保障，示范社养殖的土鸡肉质鲜美，备受广大消费者喜爱。

　　示范社种植玉米，并在核桃林地种植黑麦草，为肉牛提供了充足的青贮饲料。牛和鸡的养殖中产生的粪污，通过堆肥腐熟后循环利用于刺梨林地、核桃林地、黑麦草地及玉米地。因此，该示范社的种植、养殖产业，形成了内部循环，种植的黑麦草、玉米、玉米秸秆用于养鸡、养牛，养殖产生的粪肥用作种植业的肥料。

该示范社涉及的技术措施包括合作社规划建设技术措施、适生种植养殖物种筛选技术、林-灌-草混农林配置技术、林下养鸡技术、高山生态肉牛养殖技术、集水养殖系统建设技术、生态鸡棚建设技术、集水牛棚建设技术等。在以上技术的支持下，形成了喀斯特高原山地石漠化防治与林草畜禽合作社复合经营模式。该示范模式充分利用了石漠化高原山地地区资源，开展核桃-刺梨-黑麦草混农林种植、林下养殖、高山肉牛养殖，充分利用了有限的土地资源，养殖产生的粪污堆肥还田，实现废物循环利用，为喀斯特高原山地石漠化地区提供了良好的农民合作社驱动生态产业发展的范例。

(二) 关岭-贞丰模式

1. 规划设计 关岭-贞丰示范区示范建设重点选取当地的特色林花椒作为支撑产业，发掘积极性高并具备一定的花椒产业发展基础的生产大户，扶持其组建花椒生产加工合作社，建立高原峡谷农民合作社特色高效林产业示范基地（图6-4）。

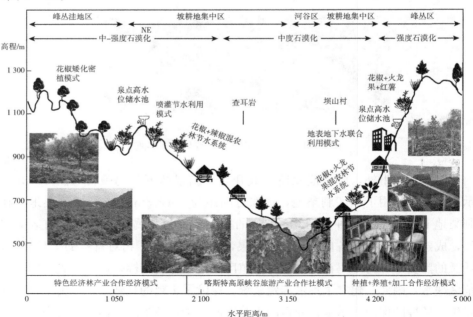

图6-4 喀斯特高原峡谷石漠化综合治理与特色高效林产业合作社规模经营模式

示范建设涉及的技术体系（图6-5）主要有：（1）农民合作社组织建设技术，（2）特色花椒林丰产栽培技术，（3）花椒采摘及深加工技术，（4）水资源开发与集水灌溉技术体系。按照保障示范区生产、生活用水基本思路，通过修建水池、管网引水，解决区域经果林灌溉用水问题，发展节水灌溉农业。

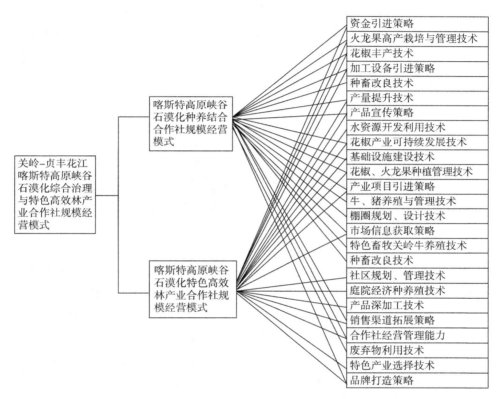

图6-5　喀斯特高原峡谷石漠化综合治理与特色高效林产业
合作社规模经营模式及技术策略集成

2. 应用示范　在关岭-贞丰花江示范区建立喀斯特高原峡谷石漠化综合治理与特色高效林产业合作社规模经营模式示范点，经过对示范区所涉及各村及各个农民合作社的综合考量，重点考虑农民合作社经营的产业类型及示范带动效果，最终决定将示范点建立在花江镇坝山村。示范社全称为关岭曾德春花椒种植农民专业合作社，2012年注册，注册资金为20万元，组织类型为能人领办型，示范社结合当地的气候、环境条件和当地产业基础，开展了特色花椒产业项目。

　　该合作社的产业选取、花椒丰产栽培技术以及集水灌溉技术都具有较强的创新示范性，示范社选择花椒产业开展规模化经营，建设了花椒种植基地（图6-6），面积为70亩，并建立了花椒深加工工厂。示范社充分利用了花江示范区的干热河谷气候，该气候条件适宜花椒生长，该区域的花椒已经建立了品牌。合作社理事长通过主动学习整形修剪、水肥协同等丰产技术，干花椒产量达到1 950kg/hm²，毛收入增至19.5万元/hm²。示范社在政府支持下新建灌溉水池、提水泵等基础设施。合作社引领当地百姓自助凑资修建了产业路，并通过土地承包等形式，实现土地的连片种植经营。同时，合作社与外商建立了长期合作关系，形成固定的销售渠道。

图6-6　花江示范区花椒种植基地

　　该示范点通过协调政府部门、科研机构、村委会、外商等各方力量为合作社解决产业发展中遇到的问题，实现花椒产业的规模化发展、花椒深加工及产业链的延伸，并且对喀斯特高原峡谷提水灌溉技术体系以及特色花椒树修枝整形技术进行了示范，建立高原峡谷农民合作社特色高效林产业示范基地。

　　该模式示范的技术及措施主要有：合作社选址规划建设技术、适生物种筛选技术、节水灌溉技术、花椒矮化密植技术、修枝整形技术、规模化加工技术等。在以上技术的支持下，形成了喀斯特高原峡谷石漠化综合治理与特色高效林产业合作社规模经营模式。该示范模式充分利用了石漠化高原峡谷地区的热力资源，开展花椒规模化种植与深加工，为喀斯特高原峡谷石漠化地区提供了良好的农民合作社驱动生态产业发展的范例。具体示范工程如下。

　　（1）引进和改进矮化密植技术示范。示范合作社率先开展矮化密植实验，改良后的花椒产量和香麻味比自然生长的花椒要高，随后开始大面积应用花椒矮化密植技术。目前，该项技术已经适应了当地的环境条件，在顶坛花椒种植区域推广使用。

　　（2）水肥一体化示范。2018年，将关岭曾德春花椒种植农民专业合作社花椒基地列入"十三五"重点研发计划课题"喀斯特高原峡谷石漠化综合治理与生态产业规模化经营技术与示范"的水肥一体化实验点。通过实施，产量较没有水肥一体化设施的花椒产量增加了 1 倍，最好的产量达到 11.5kg/株。

（3）规模化加工花椒技术示范。示范社首先购置了花椒烘烤设备，实施规模化加工干椒。由于产能较大，不仅自己的花椒采摘后可以及时烘干，还帮助周围农户烘制。在加工过程中，还对比了煤和电作为能源对干椒品质的影响，最后选取受热更为均匀的电烘干技术。

（三）施秉模式

1. 规划设计　施秉喀斯特示范区地势平坦，土壤条件较好，适宜发展水稻、甘蓝、食用菌、鸡、鸭、鹅等生态种植养殖业以及特色经果林药产业，此外，该示范区是风景名胜区同时也是世界自然遗产地，具备独特的白云岩喀斯特自然景观以及特色乡风民俗，应充分抓牢其优势，挖掘区域特色，加强生态旅游业的发展。充分发掘示范区潜力，利用喀斯特地区农业及旅游业的优势，在施秉喀斯特示范区构建"喀斯特高原槽谷石漠化综合治理与世界遗产旅游业合作社权衡经营模式"（简称"施秉合作社模式"）（图 6-7）。建立合作社多元产业权衡经营模式，发挥示范区多元化产业优势，带动当地百姓增收。示范点建设重点选取白塘村为农民合作社生态产业驱动模式建设基地，充分发挥政

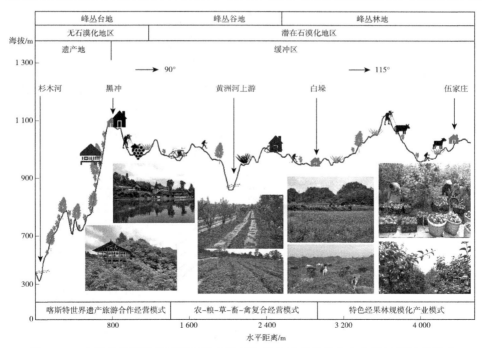

图 6-7　喀斯特高原槽谷石漠化综合治理与世界遗产旅游业合作社权衡经营模式

府及有关部门的牵头作用，统筹各方资源，分板块多产业权衡经营，涉及种植、养殖及旅游业等多元产业。

并主要采取以下技术体系（图6-8）来实现：（1）多种产业权衡经营农民合作社培育技术体系，需涉及合作社选址规划建设技术、合作社组织建设策略、资金筹集措施、合作社长效运营管理措施、合作社技术人才引进策略、产业项目引进策略、合作社农技推广策略等；（2）特色经果林产业发展技术体系，建立以特色经果林为主打产业的农民合作社，大力调整遗产地周边村寨的土地利用结构，发展特色经果林，并且依靠遗产地旅游景区强大的客源市场，销售特色水果；（3）遗产地生态旅游开发技术，充分发挥遗产地旅游资源优势，推出民族村寨观光、民俗体验、乡村民宿、康养基地等，结合当地特色精品水果产业，增加采摘、农家乐等休闲体验项目，打造生态观光园，结合当前热门的网红打卡、自媒体短视频、特色文化节等方式开展宣传。

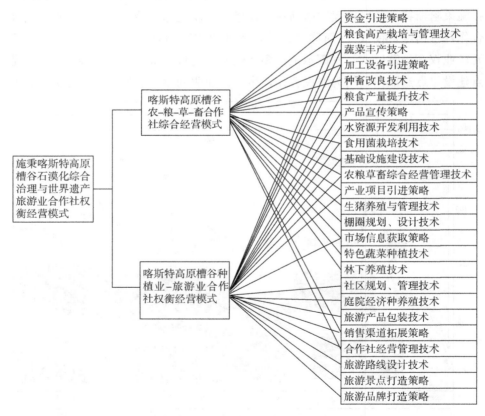

图6-8 喀斯特高原槽谷石漠化综合治理与世界遗产旅游业
合作社权衡经营模式及技术策略集成

从施秉喀斯特示范区的横切面来看，示范区的地貌类型以峰丛台地、峰丛谷地以及峰丛林地为主，以黑冲为核心的遗产地片区主要为峰丛台地，原始森林植被覆盖度高，地形破碎，切割强烈，形成了千山万壑的白云岩喀斯特地貌景观（图6-9）。黑冲为红六军团战斗遗址，红六军团在此处建立了战斗指挥所，建有红色烈士纪念园、红色书屋、红色广场等，因此黑冲还具备开展红色旅游的基础（图6-10）。此外，黑冲片区传统的木制住房保存完整，当地百姓热情好客，适合农家乐休闲度假旅游。结合当地优势，在遗产区周边规划喀斯特世界遗产旅游合作经营模式。示范区黑冲往东的片区主要为峰丛谷地，地势平坦，雨水充足，适合水稻、甘蓝、食用菌、鸡、鸭、鹅等生态种植养殖业以及特色经果林等产业发展，主要规划多产业联合经营合作社。同时，由于该片区适合黄金梨、油桃等特色经果林生长，也适合建设以特色经果林为主打产业的农民合作社。

图6-9　施秉研究区自然景观

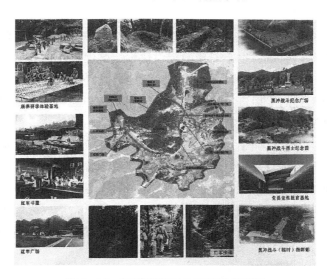

图6-10　施秉研究区生态旅游规划图

2. 应用示范　建立喀斯特高原槽谷石漠化综合治理与世界遗产旅游业合作社权衡经营模式示范点，产业基地需建设在地势平坦，适合多种产业发展的区域，经过综合考量示范区各地的农民合作社，发现盛家铺乡村经济发展农民合作社满足上述条件，该合作社位于城关镇白塘村赖洞坝组，所在地地势平坦，已发展经营了多种生态产业。该合作社成立于 2017 年，注册资金为 138 万元，理事长为雷邦民，经营范围涉及：乡村休闲旅游接待；无公害农产品、土特产种植养殖（包括林下虫草鸡养殖、生态养猪、优质大米、油菜、马铃薯、香菇）及加工销售；中药材种植、加工及销售；食用菌培植、加工及销售；农作物种子、中药材种子、园林绿化苗木、水产种苗、畜禽生产及销售；农业技术咨询及培训；农资商品购销；农业机械设备、仪器销售及服务等。

该合作社的运营机制具有很强的创新示范性，合作社为村集体带动型，作为一个综合经营型农民合作社，合作社理事会类似于一个协调管理机构。为了实现对周边农户的带动，鼓励当地百姓加入合作社，各产业小组自行决定不同产业的支出、资金安排、收益分配，从而提高了各产业小组的积极性。周边农户加入合作社，并且用小额信贷资金或产业扶贫资金入股合作社，作为合作社的股东，参与生产、管理、决策。合作社涉及的各项产业，例如，生态养猪、林下虫草鸡养殖、无公害蔬菜种植、乡村休闲旅游接待等都进行独立运营，设置专门的产业管理者，自负盈亏，各项产业盈余的 5% 归合作社理事会所有，对于没有盈利的生产小组，不予分红给理事会，剩下的盈余由参与这项产业经营的成员按股分红。

在村集体的积极推动下，合作社逐渐形成稳定的利益联盟。合作社帮助农户建立林下虫草鸡养殖、生态养猪的规模化生产基地，并且选举责任心强且有养殖经验的农户来进行各个产业小组的生产经营管理。以 600 元每亩的高价租赁合作社成员闲置的土地进行精品蔬菜、优质大米的生产。合作社通过开展培训、协调扶贫资金等形式，有效提升各个参与主体的能动性。村集体与合作社的各个产业小组商量产业项目的选取工作，并投入资金支持产业发展。施秉县政府引进产业发展项目，为合作社建立生猪养殖圈舍、食用菌生产厂房，修建产业路等基础设施，同时积极为合作社联系销售渠道，与当地的学校、企业食堂建立稳定的供销关系，确保生产出的产品不愁销路，形成订单式经营。城关镇政府请研究机构的专业技术人员实地开展技术指导和培训，提升成员的专业种植、养殖技术。

该示范社涉及的农民合作社培育技术体系包括：合作社选址规划建设技术、合作社组织建设策略、资金筹集措施、合作社长效运营管理措施、合作社技术人才引进策略、产业项目引进策略、农技推广策略等。该示范社涉及的生态产业技术主要有：水稻高产栽培技术、小型机械化收割技术（图 6 - 11）、林下虫草鸡养殖技术、生态养猪技术、精品蔬菜栽培技术、优质水稻培育技术、食用菌栽培技术等。在农民合作社培育技术体系与生态产业发展技术体系两方面的共同支撑下，实现了多产业权衡经营型农民合作社生态产业的发展。该示范合作社充分利用了当地生产资源，并与外部环境发生物质交换，形成一个与外部有来往的综合经营系统，为条件良好的无-潜在石漠化地区农民合作社实现多种产业权衡经营提供了良好的参考示范。

图 6-11 施秉示范合作社水稻小型机械收割

除上述合作社外，团队在施秉示范区还建设了特色经果林农民合作社示范基地，名为"施秉县大地春蕾经济绿色果农农民合作社"（图 6-12），该合作社建立于 2016 年，位于白垛乡白垛村，该示范基地以特色经果林黄金梨和珍珠枣油桃的生产经营为主要产业（图 6-13、图 6-14）。施秉黄金梨以品质好、口感佳，市场销售好，经济价值高，成为产业结构调整、石漠化治理新兴产业。该示范社为特色经果林经营型合作社，选取适合当地发展，并且市场前景广阔的经果林作为产业品种，开展标准化生产，为乡村精英自发回乡创业提供平台。示范社建立以特色经果林为主打产业的农民合作社，大力调整遗产地周边村寨的土地利用结构，把以往种植烤烟、常年翻耕板结的土地，通过整理、培肥后发展特色经果林，并依靠遗产地旅游景区强大的客源市场销售产品。该示范社对喀斯特地区的土地整理技术、李树及桃树的修枝整形技术、经果林管护技术、经果林采摘技术进行了重点示范。

图 6-12 施秉示范区黄金梨合作社

该示范社的建立，为喀斯特石漠化地区乡村精英回乡发展特色生态产业提供了示范带头作用，为当地百姓提供了大量就近务工的机会，对当地具有很强的带头示范作用，县政府领导下级相关部门，为经果林产业修建了产业路，使小型运输车能够发挥运输肥料和果实的作用。

图 6-13　施秉示范区农民合作社的黄金梨和珍珠枣油桃

图 6-14　施秉示范区农民合作社黄金梨的批量采摘和运输

　　三个示范区通过农民合作社生态产业驱动模式的建设示范，形成了农民合作社驱动生态产业发展模式的成功案例，通过措施布设，将模式涉及的技术体系进行实地建设并开展示范验证，不仅探索了农民合作社生态产业驱动模式的有效实施过程，更实现了生态经济林果业、生态养殖业、综合生态产业代替原有单一低效传统农业，实现了经济收益的大幅度提升。此外，由于减少了玉米、马铃薯等传统作物的种植，改种经济林和牧草，显著增加了植被覆盖度，有效降低了产业示范区的石漠化发生率。

三、农民合作社应用示范成效与验证分析

　　为验证石漠化治理中农民合作社生态产业驱动模式的成效，从经济、社会、生态三个方面综合衡量其作用效果，基于生态学、地理学、经济学等多学科理论，结合三个喀斯特石漠化示范区实际情况，和前文中构建的评价指标体系，对三个研究区的示范合作社开展成效评价与验证分析。

　　毕节撒拉溪示范社、关岭-贞丰示范社、施秉示范社的综合绩效分别为

0.281 3、0.395 6、0.371 6（表 6 - 2）。三个示范区的示范农民合作社都取得
了较为显著的成效。各地区示范社在经济成效、社会成效和生态成效上差异较
大，这与各个示范社选择的产业形式有直接关系。毕节撒拉溪永红林木种养殖
专业合作社为能人领办型合作社，其涉及生态产业类型较多，有生态养牛、林
下养鸡、黑麦草和刺梨种植等，属于毕节喀斯特高原山地石漠化防治与混农林
产业驱动型合作社复合经营模式，该模式生态效益较高，经济效益相对可观，
社会效益较弱。该农民合作社成立并逐渐实现收益后，周边农户纷纷效仿，跟
随合作社选取产业，并向合作社理事长学习养牛、养鸡等技术，因此，该合作
社具有显著的示范带动效果。

表 6 - 2　案例合作社的绩效评价

合作社名称	经济绩效	社会绩效	生态绩效	综合绩效
毕节撒拉溪永红林木种养殖专业合作社	0.092 3	0.063 4	0.125 6	0.281 3
关岭曾德春花椒种植农民专业合作社	0.171 7	0.091 2	0.132 7	0.395 6
盛家铺乡村经济发展农民专业合作社	0.046 9	0.225 8	0.098 9	0.371 6

关岭曾德春花椒种植农民专业合作社，其综合效益为三个示范合作社中最
高，其中经济效益也最高，主要原因是该合作社主要选取了示范区的特色优势
产业花椒开展规模经营，花椒产业在花椒示范区已具备较强的产业基础、已形
成一定规模，农民合作社选择花椒作为重点发展产业，并专门学习了优化栽培
技术，实现了花椒的丰产栽培，从而实现了显著的经济效益。花椒经果林产业
能够显著增加植被覆盖度、减少石漠化面积、降低石漠化程度，生态成效明
显。该合作社成立并逐渐实现产业增收，使周边百姓意识到花椒产业的精细
化、规模化生产能够带来可观的经济利益，周边百姓开始实行土地流转，重新
重视花椒经营，合作社取得显著的示范带动效果。

施秉盛家铺乡村经济发展农民专业合作社，其综合效益为三个示范社中最
低。究其原因主要为该合作社涉及产业较多，部分产业如甘蓝种植，由于遇到
冰雹等极端气候天气而没有收益，拉低了合作社的整体收益水平。但是，该合
作社为综合型农民合作社，其带动的农户最多，在解决当地百姓就近务工等方
面的作用突出。合作社每年会定期对部分效益不好的产业小组进行调整，有望
在后期增强竞争力。施秉示范区生态环境良好，适合发展的产业较多，适宜进
行多元化产业发展，有效利用当地资源优势，对老百姓有广泛的带动作用。

以上三个示范合作社生态产业示范过程对其农户能力有显著提升，主要体
现在收入增加和产业发展技能提升两个方面。毕节撒拉溪永红林木种养殖专业

合作社的 6 位成员通过种草、养牛、林下养鸡等生态产业发展带来了收入提升，合作社成立前成员户均年收入约为 2.56 万元，合作社成立并有效运营后，合作社成员户均年收入提升至约 8.94 万元。农民合作社成员生态产业发展技能显著提升，主要包括建造生态牛棚、建造生态鸡棚、高山肉牛养殖技术、肉牛病害防治技术、牧草高效种植技术、林下鸡禽养殖技术等，具备了因地制宜选择产业项目的能力，能够有效把控市场信息，更好地开展合作社的持续经营。

关岭曾德春花椒种植农民专业合作社的 5 位成员通过规模化花椒产业的发展，显著提升收入，合作社成立前成员户均年收入约为 2.36 万元，合作社成立并有效开展花椒产业规模化经营后，成员的户均年收入提升至约 21.42 万元。合作社成员及周边农户花椒种植、加工能力显著提升，学习了花椒丰产技术、花椒病虫害防治技术、花椒深加工技术等，能够更有效地获取市场信息，具备了生态产业规模化经营的能力。

施秉盛家铺乡村经济发展农民专业合作社的 52 位农户通过参与生态产业的经营，合作社成立并有效运营增加了合作社成员获得收益的渠道，合作社成立前成员户均收入约为 3.58 万元，合作社的生态产业得以有效运营后，成员户均收入增加至约 3.92 万元。另外，合作社培育了 6 个产业带头人，帮助其获取市场信息，显著提升了其生态产业运营管理能力。

除示范社带来的农户能力提升外，通过在三个示范区以及相关省份和地区举办培训班、专题讲座、经验交流会和调研访谈等形式，完成农民合作社组建及生态产业经营的技术培训 1 583 人次，其中地方技术人员培训 126 人次，显著提升了农户的合作社组建及特色生态产业发展能力。

第二节　南方喀斯特地区模式适宜性评价

中国南方喀斯特主要分布在中国南方 8 个省份的 451 个县（市、区）（刘发勇，2015），"九五"以来，针对中国南方喀斯特地区严重的贫困和石漠化等问题，地方政府和科技部门实施了一系列科研项目，开展了一系列水土流失防治、石漠化治理、生态恢复与重建、生态产业引进等科技攻关项目，总结了不同石漠化等级区、不同喀斯特地貌类型区生态治理与经济发展的成功案例（陈起伟，2021），对示范区研发的成功模式在中国南方喀斯特地区的适宜性评价，能够为中国南方喀斯特地区石漠化治理与产业发展提供有效支撑。

针对本文构建的"毕节模式""关岭-贞丰模式""施秉模式"三种模式，根据各地区自然、经济、社会、资源等特征，分别建立适宜性评价指标体系，分析三种模式在中国南方喀斯特八省份的推广适宜性。

一、模式推广适宜性分析

（一）模式推广适宜性评价方法

石漠化治理中农民合作社驱动生态产业发展模式的成功与其所处的自然、人文、社会、经济、资源等因素密不可分，该模式推广适宜性评价通过遴选不同模式的关键指标，对照中国南方喀斯特各个地区的特点，在 3S 系统支持下对多因子进行空间分析，通过层次分析法、综合指数法，采用栅格数据定量分析模式在中国南方喀斯特区域的适用程度，获取适宜性等级图（陈起伟，2021），具体步骤如图 6-15 所示，为石漠化治理中农民合作社驱动生态产业发展模式在中国南方喀斯特地区的推广提供科学依据。

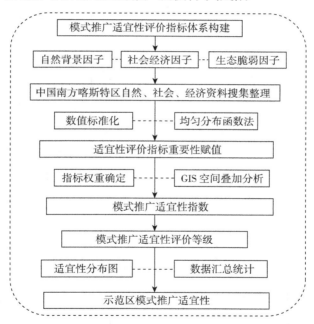

图 6-15　示范区模式推广适宜性评价框架（陈起伟，2021）

（二）推广适宜性评价指标体系构建

评价指标体系的构建是推广适宜性评价的关键，在综合分析石漠化影响因子和农民合作社驱动生态产业发展因子的基础上，按照科学性、客观性、代表性、综合性、可操作性等原则，选择灵敏、可度量、能实现空间表达的指标，选取的指标需要能综合反映出评价区自然、社会、经济状况，不仅要能反映石漠化程度，还需要反映预推广模式的相关影响因素，参考刘发勇（2015）、张俞（2020）、陈起伟（2021）构建的示范区石漠化治理模式推广适宜性模型，针对性地确定本文研发模式的推广适宜性评价指标体系。

将指标体系分为目标层（推广适宜性综合评价指数）、准则层（包括生态条件、经济条件和社会条件）和指标层，按照指标选取原则，经系统分析，自然背景因子选取岩性、年平均气温、坡度、平均年降水量、海拔、旅游资源，生态脆弱因子选取石漠化程度、土地利用情况、植被覆盖度，社会经济因子选取农业人口密度、人均GDP、交通条件，选取12个评价指标层，将适宜性评价目标和相应的指标有机地联系起来形成一个完整有序的评价系统（图6-16）。

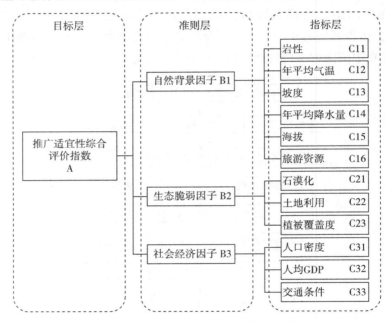

图6-16 示范区模式推广适宜性评价指标

选取的指标量纲不同，对不同纲量级的评价因子采用均匀分布函数法进行标准化数值统一处理。按照相关国家及行业标准，参照土地适宜性评价相关分级标准和评价方法，将适宜性划分为最适宜、很适宜、适宜、勉强适宜和不适宜5级分级体系（表6-3）（刘发勇，2015；张俞，2020；陈起伟，2021）。

本研究采用专家调查法并结合层次分析法确定每个因子对适宜性的影响权重。由于"毕节模式""关岭-贞丰模式""施秉模式"三个模式形成的环境差异以及因素选择的差异，因此，三个模式需分别进行专家打分。根据评价框架的层次结构（图6-16），按照指标分级赋值表（表6-4），通过发放专家调查表，确定各层指标单权重，其中准则层的权重确定见表6-5至表6-7。

表 6-3 适宜性评价等级划分标准

表征状态	最适宜	很适宜	适宜	勉强适宜	不适宜
代码	9	7	5	3	1
分值区间	≤2	2~4	4~6	6~8	>8
特征描述	环境具有高度一致性，采用示范模式基本不受限制	采用示范模式限制很小，不会显著降低治理效果	采用示范模式受一定限制，治理效果会一定程度降低	采用示范模式受严重限制，治理效果会显著减弱	具有多个限制因子，无法有效采用示范模式

表 6-4 指标分级赋值（张俞，2020）

标度	含义
1	两个因素相比，两者同样重要
1/3	两个因素相比，前者 i 比后者 j 略不重要
1/5	两个因素相比，前者 i 比后者 j 较不重要
1/7	两个因素相比，前者 i 比后者 j 非常不重要
1/9	两个因素相比，前者 i 比后者 j 绝对不重要
1/2，1/4，1/6，1/8	介于上述相邻判断的中间值
倒数	后者 j 与前者相比时，标度为 $p_{ji}=1/p_{ij}$

注：两个因素相比较，前者与后者相比较同样重要为1，略重要为3，较重要为5，非常重要为7。

表 6-5 毕节模式准则层的权重确定

	自然背景因子	生态脆弱因子	社会经济因子
自然背景因子	1	1.316	1.163
生态脆弱因子	0.76	1	1.408
社会经济因子	0.86	0.71	1

$\lambda=3.024$ $CI=0.012$ $CR=0.023$

表 6-6 关岭-贞丰模式准则层的权重确定

	自然背景因子	生态脆弱因子	社会经济因子
自然背景因子	1	1.408	1.639
生态脆弱因子	0.71	1	1.163
社会经济因子	0.61	0.86	1

$\lambda=3$ $CI=0$ $CR=0$

表 6-7 施秉模式准则层的权重确定

	自然背景因子	生态脆弱因子	社会经济因子
自然背景因子	1	1.316	2.174
生态脆弱因子	0.76	1	1.099
社会经济因子	0.46	0.91	1

$\lambda=3$ $CI=0$ $CR=0$

综合准则层、指标层的单权重确定"毕节模式""关岭-贞丰模式""施秉模式"适宜性推广的评价指标权重如表 6-8 所示。

表 6-8 适宜性评价指标权重

目标层（A）	准则层（B）	指标层（C）	指标权重（W）		
			毕节模式	关岭-贞丰模式	施秉模式
适宜性评价综合指数	自然背景因子 B_1	岩性 C_{11}	0.09	0.11	0.1
		年平均气温 C_{12}	0.07	0.16	0.07
		坡度 C_{13}	0.06	0.07	0.09
		平均年降水量 C_{14}	0.05	0.06	0.05
		海拔 C_{15}	0.11	0.03	0.04
		旅游资源 C_{34}	—	—	0.11
	生态脆弱因子 B_2	石漠化 C_{21}	0.14	0.11	0.13
		土地利用 C_{22}	0.13	0.12	0.11
		植被覆盖度 C_{23}	0.07	0.08	0.06
	社会经济因子 B_3	农业人口密度 C_{31}	0.08	0.06	0.07
		人均 GDPC_{32}	0.11	0.12	0.10
		交通条件 C_{33}	0.09	0.08	0.07

根据毕节模式、关岭-贞丰模式、施秉模式的形成环境及影响因子，结合示范区各指标的属性值，将示范区的属性值确定为该模式最适宜的指标值，并根据逐级递减原则确定各指标各等级区间值，形成三个模式的适宜性评价指标分值表（表 6-9 至表 6-11）。

表 6-9 毕节模式适宜性评价指标分值

适宜度指标	最适宜（≥8）	很适宜（6~8）	适宜（4~6）	勉强适宜（2~4）	不适宜（≤2）
分级赋值	9	7	5	3	1
岩性	碳酸盐岩	—	碳酸盐岩夹非碳酸盐岩	—	非碳酸盐岩

（续）

适宜度指标	最适宜（≥8）	很适宜（6～8）	适宜（4～6）	勉强适宜（2～4）	不适宜（≤2）
年平均气温/℃	12～14	10～12 14～16	8～10 16～18	18～20	<8 >20
坡度/°	15～25	25～35	>35	5～15	<5
年降水量/mm	800～1 000	600～800 1 000～1 200	1 200～1 300	1 300～1 400	<600 >1 400
海拔/m	1 600～1 900	1 400～1 600 1 900～2 100	1 000～1 400 2 100～2 500	700～1 000 2 500～3 000	<700 >3 000
石漠化程度	轻度石漠化	中度石漠化 潜在石漠化	强度石漠化 极强度石漠化	无石漠化	非喀斯特
土地利用情况	疏林地、灌木林地、草地	有林地	旱地	园地	水域、水田、建设用地
植被覆盖度/%	70～80	80～90 60～70	>90 50～60	40～50	<40
人口密度/（人/km²）	300～400	400～500 300～200	500～600 200～100	<100	>600
人均GDP/元	4 000～6 000	4 000～3 000 6 000～8 000	<3 000 8 000～10 000	10 000～12 000	>12 000
交通条件	产业路、串户路及以上硬化	串户路及以上硬化	通组路及以上硬化	通村路及以上硬化	县道及以上硬化

表6-10　关岭-贞丰模式适宜性评价指标分值

适宜度指标	最适宜（≥8）	很适宜（6～8）	适宜（4～6）	勉强适宜（2～4）	不适宜（≤2）
分级赋值	9	7	5	3	1
岩性	碳酸盐岩	—	碳酸盐岩夹非碳酸盐岩	—	非碳酸盐岩
年平均气温/℃	18～20	>20 16～18	10～12 14～16	8～10	<8
坡度/°	10～15	5～10 15～20	3～5 20～25	1～3 25～35	<1 >35
年降水量/mm	1 450～1 650	1 300～1 450 1 650～1 850	1 100～1 300 1 850～2 100	900～1 100 700～900	<700 >2 100

（续）

适宜度指标	最适宜（≥8）	很适宜（6~8）	适宜（4~6）	勉强适宜（2~4）	不适宜（≤2）
海拔/m	600~900	300~600 900~1 100	100~300 1 100~1 300	1 300~1 500	<100 >1 500
石漠化	中度石漠化	轻度石漠化 强度石漠化	潜在石漠化 极强度石漠化	无石漠化	非喀斯特
土地利用情况	旱地、园地	草地、裸岩石砾地	疏林地	灌木林地	建设用地、有林地、水田、水域
植被覆盖度/%	65~70	60~65 70~75	55~60 75~80	50~55 80~85	<50 >85
人口密度/（人/km²）	100~200	50~100 200~300	300~400	<50 400~600	>600
人均GDP/元	4 000~6 000	3 000~4 000 6 000~8 000	2 000~3 000 8 000~10 000	1 000~2 000 10 000~12 000	<1 000 >12 000
交通条件	产业路、串户路及以上硬化	串户路及以上硬化	通组路及以上硬化	通村路及以上硬化	县道及以上硬化

表6-11 施秉模式适宜性评价指标分值

适宜度指标	最适宜（≥8）	很适宜（6~8）	适宜（4~6）	勉强适宜（2~4）	不适宜（≤2）
分级赋值	9	7	5	3	1
岩性	碳酸盐岩	—	碳酸盐岩夹非碳酸盐岩	—	非碳酸盐岩
年平均气温/℃	14~16	12~14 16~18	10~12 18~20	8~10	<8 >20
坡度/°	15~20	10~15 20~25	5~10 25~35	3~5 >35	<3
年降水量/mm	1 300~1 450	1 100~1 300 1 450~1 650	900~1 100 1 650~1 850	700~900 1 850~2 100	<700 >2 100
海拔/m	600~900	300~600 900~1 100	100~300 1 100~1 300	1 300~1 500	<100 >1 500
距景区距/km	<1	1~2	2~3	3~5	>5

（续）

适宜度指标	最适宜（≥8）	很适宜（6～8）	适宜（4～6）	勉强适宜（2～4）	不适宜（≤2）
年平均气温/℃	12～14	10～12 14～16	8～10 16～18	18～20	<8 >20
坡度/°	15～25	25～35	>35	5～15	<5
年降水量/mm	800～1 000	600～800 1 000～1 200	1 200～1 300	1 300～1 400	<600 >1 400
海拔/m	1 600～1 900	1 400～1 600 1 900～2 100	1 000～1 400 2 100～2 500	700～1 000 2 500～3 000	<700 >3 000
石漠化程度	轻度石漠化	中度石漠化 潜在石漠化	强度石漠化 极强度石漠化	无石漠化	非喀斯特
土地利用情况	疏林地、灌木 林地、草地	有林地	旱地	园地	水域、水田、 建设用地
植被覆盖度/%	70～80	80～90 60～70	>90 50～60	40～50	<40
人口密度/ （人/km²）	300～400	400～500 300～200	500～600 200～100	<100	>600
人均GDP/元	4 000～6 000	4 000～3 000 6 000～8 000	<3 000 8 000～10 000	10 000～12 000	>12 000
交通条件	产业路、串户 路及以上硬化	串户路及以上 硬化	通组路及以上 硬化	通村路及以上 硬化	县道及以上 硬化

表 6 - 10　关岭-贞丰模式适宜性评价指标分值

适宜度指标	最适宜（≥8）	很适宜（6～8）	适宜（4～6）	勉强适宜（2～4）	不适宜（≤2）
分级赋值	9	7	5	3	1
岩性	碳酸盐岩	—	碳酸盐岩夹非 碳酸盐岩	—	非碳酸盐岩
年平均气温/℃	18～20	>20 16～18	10～12 14～16	8～10	<8
坡度/°	10～15	5～10 15～20	3～5 20～25	1～3 25～35	<1 >35
年降水量/mm	1 450～1 650	1 300～1 450 1 650～1 850	1 100～1 300 1 850～2 100	900～1 100 700～900	<700 >2 100

（续）

适宜度指标	最适宜（≥8）	很适宜（6~8）	适宜（4~6）	勉强适宜（2~4）	不适宜（≤2）
海拔/m	600~900	300~600 900~1 100	100~300 1 100~1 300	1 300~1 500	<100 >1 500
石漠化	中度石漠化	轻度石漠化 强度石漠化	潜在石漠化 极强度石漠化	无石漠化	非喀斯特
土地利用情况	旱地、园地	草地、裸岩石砾地	疏林地	灌木林地	建设用地、有林地、水田、水域
植被覆盖度/%	65~70	60~65 70~75	55~60 75~80	50~55 80~85	<50 >85
人口密度/（人/km²）	100~200	50~100 200~300	300~400	<50 400~600	>600
人均GDP/元	4 000~6 000	3 000~4 000 6 000~8 000	2 000~3 000 8 000~10 000	1 000~2 000 10 000~12 000	<1 000 >12 000
交通条件	产业路、串户路及以上硬化	串户路及以上硬化	通组路及以上硬化	通村路及以上硬化	县道及以上硬化

表 6-11　施秉模式适宜性评价指标分值

适宜度指标	最适宜（≥8）	很适宜（6~8）	适宜（4~6）	勉强适宜（2~4）	不适宜（≤2）
分级赋值	9	7	5	3	1
岩性	碳酸盐岩	—	碳酸盐岩夹非碳酸盐岩	—	非碳酸盐岩
年平均气温/℃	14~16	12~14 16~18	10~12 18~20	8~10	<8 >20
坡度/°	15~20	10~15 20~25	5~10 25~35	3~5 >35	<3
年降水量/mm	1 300~1 450	1 100~1 300 1 450~1 650	900~1 100 1 650~1 850	700~900 1 850~2 100	<700 >2 100
海拔/m	600~900	300~600 900~1 100	100~300 1 100~1 300	1 300~1 500	<100 >1 500
距景区距/km	<1	1~2	2~3	3~5	>5

（续）

适宜度指标	最适宜（≥8）	很适宜（6~8）	适宜（4~6）	勉强适宜（2~4）	不适宜（≤2）
石漠化程度	潜在石漠化	无石漠化 轻度石漠化	中度石漠化	强度石漠化	非喀斯特 极强度石漠化
土地利用情况	有林地	水域、园地、 灌木林地	疏林地、草地	旱地、水田	建设用地、裸 岩石砾地
植被覆盖度/%	>85	75~85	65~75	55~65	<55
人口密度/ （人/km²）	<100	200~300	300~400	400~500	>600
人均GDP/元	3 000~4 000	2 000~3 000 4 000~6 000	1 000~2 000 6 000~8 000	<1 000 8 000~10 000	>10 000
交通条件	产业路、串户 路及以上硬化	串户路及以上 硬化	通组路及以上 硬化	通村路及以上 硬化	县道及以上 硬化

　　根据各示范区模式适宜性评价指标分值表确定不同属性值赋值，生成各示范区各评价指标适宜性专题分级图，统一将各专题分级图转换为1 000m×1 000m单元格栅格数据，采用下列公式计算各栅格适宜性指数，根据适宜性指数归类到相应的适宜性等级，得到适宜性等级评价图和面积。

$$SS_j = \sum_{i=1}^{10} C(i, j)W_i \qquad (6-1)$$

　　式中，SS_j为j单元格适宜性综合指数，$C(i, j)$为单元格j第i个指标分值，W_i为第i个指标的影响权重。

二、模式推广适应性区域

（一）毕节模式推广适宜性区域

　　毕节模式在中国南方喀斯特8个省份的推广适宜性分析。将毕节模式选取的岩性、年平均气温、石漠化、土地利用等11个指标分别按照适宜性评价指标赋值表进行分级赋值（表6-10至表6-12），并统一转换为1km单元格栅格数据，根据各指标权重，在ArcGIS中通过栅格计算器叠加计算各单元格推广适宜性综合指数，根据指数划分适宜性等级，并通过不同适宜性等级以及不同省份涉及的栅格数量，统计不同等级适宜面积（表6-12）。

　　毕节模式的最适宜推广面积为0.81×10⁴km²，占我国南方喀斯特八省份总面积的0.42%；很适宜推广面积13.02×10⁴km²，占中国南方喀斯特八省份总面积的6.72%；适宜推广面积有78.51×10⁴km²，勉强适宜面积96.64×

10^4km^2，不适宜推广面积 $4.84\times10^4\text{km}^2$，勉强适宜推广面积比例最大，适宜推广面积占比第二，适宜及以上等级推广面积 $92.34\times10^4\text{km}^2$，占总面积的比例为 47.64%。

表 6-12　毕节模式推广适宜性评价面积

区域	最适宜		很适宜		适宜		勉强适宜		不适宜		各省总面积/万 km²
	面积/万 km²	占比/%	面积/万 km²	占比/%	面积/万 km²	占比/%	面积/万 km²	占比/%	面积/万 km²	占比/%	
四川	0.01	0.02	1.09	2.26	15.53	32.26	30.54	63.44	0.97	2.01	0.01
重庆	0.03	0.36	1.16	14.09	3.76	45.69	3.02	36.70	0.26	3.16	0.03
贵州	0.45	2.55	4.22	23.95	9.65	54.77	3.28	18.62	0.02	0.11	0.45
云南	0.29	0.76	3.68	9.60	24.84	64.81	9.45	24.65	0.07	0.18	0.29
湖北	0.03	0.16	1.69	9.09	7.11	38.25	8.94	48.09	0.82	4.41	0.03
湖南	0	0.00	0.50	2.36	7.80	36.83	12.13	57.27	0.75	3.54	0
广西	0	0.00	0.67	2.82	7.52	31.65	15.30	64.39	0.27	1.14	0
广东	0	0.00	0.01	0.06	2.3	12.80	13.98	77.80	1.68	9.35	0
合计	0.81	0.42	13.02	6.72	78.51	40.51	96.64	49.86	4.84	2.50	0.81

毕节模式最适宜推广区域主要分布在贵州西部和云南东部；很适宜推广的区域分布较成片，主要集中在湖北西部、重庆东部及贵州西部至云南东部沿线区域；适宜推广的区域分布在云南、贵州、四川南部和湖北与重庆交界地区；勉强适宜推广的区域主要分布在广东、广西、四川西北部、湖南中东部、湖北中东部地区；不适宜的区域主要分布在广东、湖北、四川、湖南等省份省会城市周围，其他区域也有零星分布。

（二）关岭-贞丰模式推广适宜性区域

关岭-贞丰模式在中国南方喀斯特 8 个省份的推广适宜性分析。将关岭-贞丰模式选取的石漠化、土地利用情况、交通条件等 11 个指标分别按照适宜性评价指标赋值表进行分级赋值，统一转换为 1km 单元格栅格数据，根据各指标权重，在 ArcGIS 中通过栅格计算器叠加计算各单元格推广适宜性综合指数，根据指数划分适宜性等级并进行面积统计（表 6-13）。

关岭-贞丰模式最适宜推广面积为 $0.22\times10^4\text{km}^2$，占中国南方喀斯特 8 个省份总面积的 0.11%；很适宜推广面积为 $6.93\times10^4\text{km}^2$，占中国南方喀斯特 8 个省份总面积的 3.58%；适宜推广面积有 $75.3\times10^4\text{km}^2$；勉强适宜面积最大，为 $99.97\times10^4\text{km}^2$；不适宜推广面积为 $11.7\times10^4\text{km}^2$。关岭-贞丰模式勉

强适宜推广面积占比最大，其次为适宜推广面积，适宜及以上等级推广面积 $82.45 \times 10^4 km^2$，占总面积的 42.54%。

表 6 - 13 关岭-贞丰模式推广适宜性评价面积

区域	最适宜		很适宜		适宜		勉强适宜		不适宜		各省总面积/万 km²
	面积/万 km²	占比/%	面积/万 km²	占比/%	面积/万 km²	占比/%	面积/万 km²	占比/%	面积/万 km²	占比/%	
四川	0.01	0.02	0.21	0.44	12.65	26.28	27.98	58.12	7.29	15.14	48.14
重庆	0.02	0.24	0.63	7.65	4.77	57.96	2.78	33.78	0.03	0.36	8.23
贵州	0.11	0.62	2.58	14.64	11.47	65.10	3.45	19.58	0.01	0.06	17.62
云南	0.01	0.03	1.14	2.97	13.40	34.96	20.93	54.60	2.85	7.44	38.33
湖北	0	0.00	0.31	1.67	6.35	34.16	11.78	63.37	0.15	0.81	18.59
湖南	0.03	0.14	0.89	4.20	11.01	51.98	9.10	42.97	0.15	0.71	21.18
广西	0.04	0.17	1.12	4.71	10.92	45.96	11.56	48.65	0.12	0.51	23.76
广东	0	0.00	0.05	0.28	4.73	26.32	12.09	67.28	1.1	6.12	17.97
合计	0.22	0.11	6.93	3.58	75.3	38.85	99.67	51.42	11.7	6.04	193.82

关岭-贞丰模式水热条件特殊，最适宜推广的区域分布较零星，主要分布在贵州、云南和广西；很适宜推广的区域分布较连片，主要分布在贵州、广西西北部、重庆南部以及湖南东部；适宜推广区域主要分布在云南、贵州、湖南、广西、重庆等地，主要分布在喀斯特地区，环绕着很适宜推广区域；勉强适宜推广的区域主要分布在四川南部、云南中部、湖南东部、湖北东部、广西东南部以及广东大部分地区；不适宜推广的地区主要分布在四川西部、云南西北部以及广东省会城市周边，其他区域存在零星分布。

（三）施秉模式推广适宜性区域

施秉模式在中国南方喀斯特 8 个省份的推广适宜性分析。将施秉模式选取的石漠化程度、土地利用情况、交通条件、距景区距离等 12 个指标分别按照适宜性评价指标赋值表进行分级赋值，统一转换为 1km 单元格栅格数据，根据各指标权重，在 ArcGIS 中通过栅格计算器进行空间叠加运算，计算施秉模式推广适宜性指数，根据指数划分适宜性等级并进行推广面积统计（表 6 - 14）。

施秉模式最适宜推广面积为 $0.37 \times 10^4 km^2$，占中国南方喀斯特总面积的 0.19%；很适宜推广面积为 $19.96 \times 10^4 km^2$，占中国南方喀斯特总面积的 10.3%；适宜推广面积为 $107.05 \times 10^4 km^2$；勉强适宜推广面积为 $61.08 \times 10^4 km^2$；不适宜推广面积为 $5.36 \times 10^4 km^2$。适宜推广面积占比最大，其次为勉强适宜推广面积，适宜及以上等级推广面积为 $127.38 \times 10^4 \text{ km}^2$，占中国南方喀斯特 8 个省份总面积的 65.72%。

表 6 – 14　施秉模式推广适宜性综合评价面积

区域	最适宜		很适宜		适宜		勉强适宜		不适宜		各省总面积/ 万 km²
	面积/ 万 km²	占比/ %	面积/ 万 km²	占比/ %	面积/ 万 km²	占比/ %	面积/ 万 km²	占比/ %	面积/ 万 km²	占比/ %	
四川	0	0.00	1.33	2.76	24.56	51.02	22.09	45.89	0.16	0.33	48.14
重庆	0.04	0.49	1.76	21.39	4.41	53.58	1.99	24.18	0.03	0.36	8.23
贵州	0.19	1.08	5.26	29.85	11.32	64.25	0.85	4.82	0	0.00	17.62
云南	0.01	0.03	3.18	8.30	30.76	80.25	4.32	11.27	0.06	0.16	38.33
湖北	0.07	0.38	3.52	18.93	6.48	34.86	7.89	42.44	0.63	3.39	18.59
湖南	0.03	0.14	1.98	9.35	11.02	52.03	7.61	35.93	0.54	2.55	21.18
广西	0.03	0.13	2.69	11.32	12.89	54.25	7.26	30.56	0.89	3.75	23.76
广东	0	0.00	0.24	1.34	5.61	31.22	9.07	50.47	3.05	16.97	17.97
合计	0.37	0.19	19.96	10.30	107.05	55.23	61.08	31.51	5.36	2.77	193.82

施秉模式属于综合模式，最适宜推广区域要求实现旅游业、种植业、养殖业等多元化生产，对资源禀赋的要求相对较高，因此其最适宜推广区域分布零星，仅在贵州、湖北有零星分布；很适宜推广的区域分布较连片，主要分布在贵州黔东南州和铜仁市沿线、湖南与重庆交界处以及湖北西部；适宜推广的区域分布在云南大部分地区、四川南部、贵州大部分地区，分布面积最广；勉强适宜的区域主要分布在重庆西部、四川东部、湖北东部、湖南东部、广东中南部、广西东南部；不适宜推广的地区主要分布在广东和广西，集中分布在东南沿海区域，其他区域有零星分布。

通过石漠化治理中农民合作社驱动生态产业发展模式的应用示范与效益监测评价，分析了该模式在中国南方喀斯特地区具有较大适宜性和可推广性。三个示范区示范模式的综合效益评价结果分别为 0.281 3、0.395 6、0.413 5，且生态效益、经济效益、社会效益都较为显著，说明三种模式均能有效驱动当地特色生态产业的发展。因此，定量分析了三种模式在中国南方喀斯特地区的推广适用性区域，结果显示毕节模式、关岭-贞丰模式、施秉模式在中国南方喀斯特八省份很适宜推广面积占比分别为 6.72%、6.93% 和 10.30%。在治理模式选择中仍需强化模式边界条件适宜性分析，因地制宜的选用，进一步加强模式与技术的集成与创新。

　　在模式及技术的推广应用过程中，应对当地实际情况如经济发展程度、农民意愿、政府态度等进行全面调查，明确培育由谁组织的、为谁服务的、以什么产业为基础的农民合作社。社会经济背景不同，其组织模式、培育政策、运营机制等也各不相同。由于不同的区域其气候、地形、土壤等农业发展要素不同，其发展的农业也不尽相同，所采用的技术也因地制宜，各有特征。此外，随着农民合作社发展的不断推进，其运营机制不断规范，发展规模不断壮大，产业链不断完善，技术也在不断发展中优化和创新。因此，农民合作社驱动生态产业发展模式及技术推广过程中，应因地制宜、与时俱进地对模式与技术进行适时适地的优化与创新，以便更适用于拟推广区域。

第七章
结论与讨论

第一节　主要结论与进展

（1）阐明了喀斯特石漠化地区农民合作社驱动生态产业发展的过程是多种力量综合作用下的必然结果，人类行动者与非人类行动者联结而成的异质性行动者网络是驱动生态产业发展的基础，利益生产能力是农民合作社中所有行动者实现生态产业发展的重要动力来源。

农民合作社带动生态产业发展是由镇政府、村委会、种植大户、普通农户、外商、公司等人类行动者与喀斯特石漠化环境、产业、技术、市场等非人类行动者协同作用形成。经济利益是促使生态产业发展的核心驱动力，利益生产能力是农民合作社中所有行动者实现生态产业发展的重要动力来源；石漠化环境、产业、技术等非人类行动者为生态产业发展提供了促进、制约等能动性影响。农户带动型合作社驱动生态产业发展模式由农户需求逐级推动上级政府部门行动，是自下而上的过程，内生动力较强，是农民合作社驱动乡村生态产业发展的重要参考模式；村集体带动型合作社生态产业驱动机制是自上而下推动特色产业发展的过程，充分调动村里的生产资源，并与外部环境发生了物质交换，形成一个与外部环境有来往的合作生产模式；企业引领型合作社通过企业发挥市场收购等作用，为老百姓的农产品提供了稳定的销售渠道，形成"生产＋加工＋销售"一体化的全产业链。

（2）揭示了石漠化治理中农民合作社驱动生态产业发展的效果提升机制，农民合作社驱动生态产业发展的效果会受到合作社组织类型的影响，当地特色优势产业、资金保障、专业技术人员保障等因素对农民合作社实现生态产业发展有显著正向影响。

不同组织类型的合作社具备自身的优劣势，对生态产业发展带来差异性影响；企业引领型合作社的综合绩效最高，为 0.471 9，但该类型合作社组建的壁垒高、难度大；能人领办型合作社的综合效益较高，为 0.317 1，其灵活性强，有强烈的内生发展动力，其缺点是规模较小；村集体带动型合作社综合效益相对偏低，为 0.209 8，但社会效益最高，其更易获得国家政策资金支持，在解决就业、就近务工等方面效果显著；生态绩效与合作社经营的产业类型及规模直接相关；当地特色优势产业、资金保障、专业技术人员保障等因素对提高农民合作社实现生态产业发展的概率均有显著正向影响，影响程度分别为90.3%、140.5%、114.0%。综上，为提高石漠化治理中农民合作社驱动生态产业发展的效果，应以石漠化防治为前提，基于当地的资源禀赋合理组建农民合作社，充分利用政策等外部环境优势，拓展融资渠道，保障合作社的建设与运营资金供给；结合当地环境与人力资本选择适合的组织类型，并充分发挥领办主体的优势；依据环境条件选取具有石漠化治理效果的当地特色优势产业；聘请专业技术人员保障技术支持。通过上述措施，盘活内外部资源，充分发挥关键影响因子的作用，实现效果提升。

（3）构建了喀斯特高原山地石漠化防治与混农林产业驱动型合作社复合经营模式、喀斯特高原峡谷石漠化综合治理与特色高效林产业合作社规模经营模式、喀斯特高原槽谷石漠化综合治理与世界遗产旅游业合作社权衡经营模式。

撒拉溪示范区以潜在-轻度石漠化为主，社会经济发展滞后，核桃、刺梨等经果林尚未形成规模，农民合作社数量少且质量不高，农民组织化程度低等现状，但适合林下养殖以及生态畜牧业的发展，因此在毕节撒拉溪示范区构建"喀斯特高原山地石漠化防治与混农林产业驱动型合作社复合经营模式"（简称"毕节合作社模式"）。花江示范区已具备一定的石漠化治理与社会经济发展基础，但以花椒、火龙果等经果林产业为主的生态产业结构仍需调整升级，形成集约化规模化发展，因此在关岭-贞丰花江研究示范区构建"喀斯特高原峡谷石漠化综合治理与特色高效林产业合作社规模经营模式（简称"关岭-贞丰合作社模式"）。施秉喀斯特示范区为世界遗产地，该区旅游业发展有一定基础，并且地势平坦，适宜发展水稻、甘蓝、食用菌、鸡、鸭、鹅等生态种植养殖业。因此在施秉喀斯特示范区构建"喀斯特高原槽谷石漠化综合治理与世界遗产旅游业合作社权衡经营模式"（简称"施秉合作社模式"）。

（4）通过石漠化治理中农民合作社驱动生态产业发展模式的应用示范与效益评价，优化分析了所构建模式在中国南方喀斯特地区的适宜推广程度及区域。

三个示范区示范模式的综合效益评价结果分别为 0.281 3、0.371 6、0.413 5，且生态效益、经济效益、社会效益都较为显著，说明三种模式均能有效驱动当地特色生态产业的发展。通过应用示范验证了三种模式与技术体系的适用性，通过空间分析法明确了三种模式在我国南方喀斯特8个省份的推广适用性区域，结果显示毕节模式、关岭-贞丰模式、施秉模式在中国南方喀斯特地区很适宜推广面积占比分别为 6.72%、6.93% 和 10.30%。在治理模式选择中仍需强化模式边界条件适宜性分析，因地制宜的选用推广模式，进一步加强模式与技术的集成与创新。

第二节　主要成果与创新

（1）本研究率先引入行动者网络理论揭示农民合作社驱动生态产业发展的过程及作用机理，将人类行动者与非人类行动者对等看待，突破了传统仅考虑人类行动者的研究方式，突出了喀斯特石漠化环境等非人类行动者在驱动生态产业发展中的能动作用，为产业驱动机制的研究提供了独特视角，更加立体化地呈现了农民合作社实现生态产业发展的作用机制。

生态产业发展过程中人类行动者与非人类行动者的互动过程，使人地环境中涉及的各项要素形成一个有机动态的网络，石漠化地区的人地矛盾在这一动态网络中得以调和。喀斯特石漠化治理中农民合作社带领生态产业发展的核心驱动力是利益生产能力。农民合作社带领当地特色生态产业发展，使原本衰败的产业实现重振，提高了产业的经济效益，成功将喀斯特石漠化治理成效转化为经济效益，为喀斯特石漠化地区生态产业的发展提供了可参考的路径。产业发展的本质建立在利益生产能力的基础上，可持续的利益生产能力是产业发展的命脉所在，行动者将原本未利用的资源，通过各自的行动加以盘活形成以当地特色优势产业为基础的利益生产能力，最终成为一个动态的利益联盟。

（2）创建了喀斯特高原山地石漠化防治与混农林产业驱动型合作社复合经营模式、喀斯特高原峡谷石漠化综合治理与特色高效林产业合作社规模经营模式、喀斯特高原槽谷石漠化综合治理与世界遗产旅游业合作社权衡经营模式。

本研究从自然、生态、社会、经济等多维视角，结合不同石漠化环境地区自然环境、资源禀赋、经济发展情况，重点考虑研究区本身的产业特色和发展方向，运用"成效评价-问题诊断-诉求分析-路径谋划"为主线，因地制宜地构建了不同石漠化环境地区农民合作社驱动生态产业发展模式。农民合作社有利于将经济发展落后地区的农户组织起来，将人力、物力、财力等整合起来，抱团发展，对激发和培育农民自身发展动力也更有意义。喀斯特石漠化地区农民合作社驱动生态产业发展模式具有增加植被覆盖度、促进退耕还林等生态效益，实现生态产业规模化发展、调整农村产业结构、增加农户收入、促进区域经济发展等经济效益，以及增加就业机会、完善基础设施建设等社会效益。

第三节　讨论与展望

（1）为进一步提升石漠化治理的生态价值转化率，未来应加强研发石漠化地区生态农产品的价值提升技术，探索合作社中生态附加值向商品价值转化的有效路径。

部分农民合作社生产生态友好型农产品，生态友好型农产品的生产过程发挥了较强的治理与保护生态环境的功能，其生产过程中具有固氮、排氧、调节气候、涵养水土等作用。然而，此类农产品的生产需要更多人力、物力、财力的投入，其产品价值能否实现直接影响农民合作社是否能继续生产。因此，未来应重点探索生态农产品的价值提升技术，以及生态附加值向商品价值转化的有效路径。

（2）为进一步促进石漠化地区生产与生态的协调发展，未来应加强循环产业技术的研发，以农民合作社为依托建立循环产业链。

构建循环产业链是农民合作社实现生产与生态耦合协调发展的必经之路，目前，农民合作社对循环产业技术进行了初步探索，常见的做法为牲畜粪便还田，废弃树枝作为原材料加工成其他商品，或将废弃物用于生物质能等，实现循环的方式单一，技术研发严重不足，需要重点加强循环生产技术的研发。在循环生产技术研发的基础上，以农民合作社为依托建立循环产业链。

主要参考文献

艾少伟，苗长虹，2010. 从"地方空间"，"流动空间"到"行动者网络空间"：ANT 视角
　　[J]. 人文地理，25（2）：43-49.

白德全，王梦媛，2019. 合作社促进乡村振兴的困境与出路分析 [J]. 理论探讨，36（5）：
　　136-141.

蔡荣，马旺林，王舒娟，2015. 小农户参与大市场的集体行动：合作社社员承诺及其影响
　　因素 [J]. 中国农村经济，31（4）：44-58.

蔡运龙，2006. 生态旅游：西南喀斯特山区摆脱"贫困陷阱"之路 [J]. 中国人口·资源
　　与环境，16（1）：113-116.

蔡运龙，1999. 中国西南喀斯特山区的生态重建与农林牧业发展：研究现状与趋势 [J].
　　资源科学，21（5）：39-43.

曹建华，邓艳，杨慧，等，2016. 喀斯特断陷盆地石漠化演变及治理技术与示范 [J]. 生
　　态学报，36（22）：7103-7108.

曹利群，周立群，2005. 对"市场＋农户"的理论研究 [J]. 中国农村观察，26（3）：2-
　　8，18-80.

曾以宁，侯佳君，唐宏，2019. 农户个体特征、社员参与行为与农民专业合作社绩效 [J].
　　江苏农业科学，47（9）：41-46，57.

陈阿兴，2010. 农业可持续发展视角下的专业合作社建设研究 [J]. 经济问题探索，31
　　（8）：130-134.

陈共荣，沈玉萍，刘颖，2014. 基于 BSC 的农民专业合作社绩效评价指标体系构建 [J].
　　会计研究，35（2）：64-70.

陈江华，李道和，康小兰，等，2015. 农民专业合作社经营效率及其影响因素 [J]. 华南
　　农业大学学报（社会科学版），14（4）：37-47.

陈军，2013. 农产品价格、农民专业合作社与新疆农民可持续增收研究 [J]. 西北人口，
　　34（1）：52-56.

陈灵伟，2011. 集约与分散协同的农畜结合猪业循环经营模式 [J]. 农业经济（9）：16-
　　17.

陈起伟，2021. 石漠化治理生态产业与精准扶贫协同机制及模式研究 [D]. 贵阳：贵州师
　　范大学.

程东亚，李旭东，2020. 贵州省乌江流域人口分布与地形的关系 [J]. 地理研究，39（6）：

1427 - 1438.

程东亚，李旭东，2019. 喀斯特地区植被覆盖度变化及地形与人口效应研究 ［J］. 地球信息科学学报，21 （8）：1227 - 1239.

池永宽，2019. 喀斯特石漠化草地建植与生态畜牧业模式及技术研究 ［D］. 贵阳：贵州师范大学.

崔宝玉，2014. 政府规制、政府俘获与合作社发展 ［J］. 南京农业大学学报（社会科学版），14 （5）：26 - 33.

崔宝玉，徐英婷，简鹏，2016. 农民专业合作社效率测度与改进"悖论"［J］. 中国农村经济，32 （1）：69 - 82.

崔蕾，2016. 基于植物多样性恢复和保护的石漠化土地整理技术与示范 ［D］. 贵阳：贵州师范大学.

戴旭宏，2017. 小规模合作：中国农民专业合作社发展的一种重要选择：基于连续八年对关坝养蜂专业合作社发展观察 ［J］. 农村经济，35 （10）：123 - 128.

丹尼斯. 米都斯，1997. 增长的极限：罗马俱乐部关于人类困境的研究报告 ［M］. 长春：吉林人民出版社.

杜志喜，2007. 农村合作银行公司治理初探 ［D］. 杭州：浙江大学.

冯道杰，2006. 我国新型农民合作经济组织发展障碍研究 ［J］. 农业经济，24 （1）：47 - 49.

傅伯杰，2017. 地理学：从知识、科学到决策 ［J］. 地理学报，72 （11）：1923 - 1932.

傅籍锋，盛茂银，2018. 喀斯特石漠化治理木本油料衍生生态产业发展研究 ［J］. 生态经济，34 （5）：99 - 105.

高贵龙，邓自民，熊康宁，等，2003. 喀斯特的呼唤与希望：贵州喀斯特生态环境建设与可持续发展 ［M］. 贵阳：贵州科技出版社.

郭启科，2019. 一种火龙果酒的加工方法 ［P］. CN109628262A.

郭铁民，林善浪，1995. 论农村股份合作经济的产生和发展 ［J］. 当代经济研究，6 （3）：32 - 38.

国务院，2018. 乡村振兴战略规划（2018—2022 年）［Z］. 新华社，9，28.

韩国明，陈华，2009. 美国新一代合作社带给我国农民专业合作社的发展思考与启示：基于土地流转背景下的分析 ［J］. 农村经济，27 （11）：126 - 129.

韩国明，张恒铭，2015. 农民合作社在村庄选举中的影响效力研究：基于甘肃省 15 个村庄的调查 ［J］. 中国农业大学学报（社会科学版），32 （2）：61 - 72.

韩国明，朱侃，赵军义，2016. 国内农民合作社研究的热点主题与演化路径：基于 2000—2015 年 CSSCI 来源期刊相关论文的文献计量分析 ［J］. 中国农村观察，37 （5）：77 - 93，97.

韩雪娇，訾端，2020. 推动产业发展，助力生态脱贫 ［J］. 内蒙古林业，65 （2）：17 - 20.

何超群，2015. 云南省丽江河源村生态农业合作社发展研究 ［D］. 昆明：云南农业大学.

何霄嘉，王磊，柯兵，等，2019. 中国喀斯特生态保护与修复研究进展 [J]. 生态学报，39 (18): 6577 - 6585.

洪晓洋，杨意志，宋青峰，2020. 贵州省黔西南布依族苗族自治州"晴隆模式"的总结与思考 [J]. 产业创新研究，4 (22): 30 - 33.

侯璐，2009. 高维生素 C 含量刺梨口服液的研究 [D]. 无锡：江南大学.

胡明，任海军，2020. 西北民族地区生态产业发展与减贫效应研究 [J]. 中外企业家，37 (11): 114 - 115.

胡薇，王凯，2017. 贵州石漠化地区农业产业发展对策研究 [J]. 现代经济信息，32 (19): 485 - 486.

胡孝权，2011. 产业生态与产业集群生态化发展策略研究 [J]. 天津商业大学学报，31 (1): 28 - 32.

胡正伟，2014. 喀斯特石漠化治理的生态产业发展模式与经济效益研究 [D]. 贵阳：贵州师范大学.

黄森慰，张春霞，等，2015. 林农专业合作社的运行效率 [J]. 林业科学，61 (8): 95 - 103.

黄胜忠，徐旭初，2009. 农民专业合作社的运行机制分析 [J]. 商业研究，52 (10): 121 - 124.

黄胜忠，伏红勇，2014. 成员异质性、风险分担与农民专业合作社的盈余分配 [J]. 农业经济问题，35 (8): 57 - 64，111.

黄祖辉，扶玉枝，2013. 合作社效率评价：一个理论分析框架 [J]. 浙江大学学报（人文社会科学版），43 (1): 73 - 84.

黄祖辉，邵科，2009. 合作社的本质规定性及其漂移 [J]. 浙江大学学报（人文社会科学版），39 (4): 11 - 16.

黄祖辉，徐旭初，冯冠胜，2002. 农民专业合作组织发展的影响因素分析：对浙江省农民专业合作组织发展现状的探讨 [J]. 中国农村经济，18 (3): 13 - 21.

姜明伦，何安华，楼栋，等，2012. 我国农业农村发展的阶段性特征、发展趋势及对策研究 [J]. 经济学家，24 (9): 81 - 90.

姜裕福，2011. 农村基层党组织与农民专业合作社的关系研究：基于资源依赖理论的视角 [J]. 社会主义研究，34 (5): 58 - 61.

蒋勇军，刘秀明，何师意，等，2016. 喀斯特槽谷区土地石漠化与综合治理技术研发 [J]. 生态学报，36 (22): 7092 - 7097.

孔祥智，2018. 乡村振兴离不开农民合作社 [J]. 中国农民合作社，10 (3): 53 - 53.

李瑞英，2004. 中国农民专业合作经济组织的实践和发展 [M]. 北京：中国农业出版社.

李阳兵，王世杰，容丽，2004. 关于喀斯特石漠和石漠化概念的讨论 [J]. 中国沙漠，24 (6): 29 - 35.

李英勤，2006. 贵州土地石漠化与"三农"问题的经济学分析 [J]. 生态经济，22 (2):

57-59.

李章华，2008. 三重基线-21 世纪企业可持续发展解码 [M]. 北京：机械工业出版社.

李周，1998. 生态产业初探 [J]. 中国农村经济，14（7）：4-9.

梁安君，2016. 践行发展新理念，创新扶贫新模式：梓潼探索出"1＋5"生态循环产业扶贫模式 [J]. 四川畜牧兽医，43（4）：15-16.

梁建军，2019. 岚县发展沙棘产业助推生态扶贫思考的探索 [J]. 南方农业，13（20）：104-105.

刘滨，刘小红，刘巧，等，2016. 农民合作社合联意愿的实证研究：以江西省为例 [J]. 农林经济管理学报，15（6）：681-686.

刘发勇，2015. 石漠化综合治理管理信息系统的构建与模式推广适宜性评价 [D]. 贵阳：贵州师范大学.

刘兴宜，熊康宁，刘艳鸿，等，2018. 我国石漠化地区构树生态产业扶贫模式的探讨 [J]. 林业资源管理，47（2）：29-34.

刘宣，王小依，2013. 行动者网络理论在人文地理领域应用研究述评 [J]. 地理科学进展，32（7）：1139-1147.

刘彦随，周扬，李玉恒，2019. 中国乡村地域系统与乡村振兴战略 [J]. 地理学报，74（12）：2511-2528.

刘彦随，周扬，刘继来，2016. 中国农村贫困化地域分异特征及其精准扶贫策略. 中国科学院院刊，31（3）：269-278.

刘彦随，2018. 中国新时代城乡融合与乡村振兴 [J]. 地理学报，73（4）：637-650.

刘艳鸿，熊康宁，郭文，等，2017. 中国喀斯特地区农村专业合作经济组织面临的问题及对策 [J]. 科技和产业，17（10）：44-50，126.

刘艳鸿，2018. 喀斯特石漠化治理农民合作社培育与生态产业模式 [D]. 贵阳：贵州师范大学.

娄博杰，2015. 基于农产品质量安全的农户生产行为研究 [D]. 北京：中国农业科学院.

罗旭玲，王世杰，白晓永，等，2021. 西南喀斯特地区石漠化时空演变过程分析 [J]. 生态学报，41（2）：680-693.

罗胤晨，李颖丽，文传浩，2021. 构建现代生态产业体系：内涵厘定、逻辑框架与推进理路 [J]. 南通大学学报（社会科学版），37（3）：130-140.

罗颖玲，李晓，杜兴端，2014. 农民专业合作社综合绩效评价体系设计 [J]. 农村经济，32（2）：117-120.

马海涛，苗长虹，高军波，2009. 行动者网络理论视角下的产业集群学习网络构建 [J]. 经济地理，29（8）：1327-1331.

曼瑟尔·奥尔森，1995. 集体行动的逻辑 [M]. 上海：上海人民出版社.

孟建民，2002. 中国企业绩效评价 [M]. 北京：中国财政经济出版社.

孟祥林，2009. 产业生态化：从基础条件与发展误区论平衡理念下的创新策略 [J]. 学海，

20（4）：98-104.

牛奕霖，2018. 生态产业精准扶贫法律保障制度研究［D］. 北京：首都经济贸易大学.

朋文欢，2018. 农民合作社减贫：理论与实证研究［D］. 杭州：浙江大学.

彭升，王云华，2019. 以生态循环农业助推绿色发展：以湖南为例［J］. 湖南大学学报（社会科学版），33（3）：1-7.

邱利军，田昕加，2013. 基于农产品质量安全视角农民专业合作组织发展路径探析［J］. 林业经济，35（12）：110-112，128.

冉赤农，霍学喜，杨凌，2012. 农民专业合作社绩效研究［J］. 经济研究导刊，8（26）：92-95.

任笔墨，任晓冬，熊康宁，2020. 集体行动理论视角下农民合作社益贫机理与益贫效果提升路径［J］. 农村经济，38（5）：42-49.

任笔墨，2015. 石漠化治理适生中药材标准化种植及衍生产业技术与示范［D］. 贵阳：贵州师范大学.

宋淑珍，2019. 喀斯特石漠化退化草地改良与牛羊半舍饲耦合研究［D］. 贵阳：贵州师范大学.

宋同清，彭晚霞，杜虎，等，2014. 中国西南喀斯特石漠化时空演变特征、发生机制与调控对策［J］. 生态学报，34（18）：5328-5341.

苏维词，朱文孝，熊康宁，2002. 贵州喀斯特山区的石漠化及其生态经济治理模式［J］. 中国岩溶，21（1）：21-26.

孙九霞，张涵，2019. 行动者网络视角下民族传统手工艺合作社的形成与运作［J］. 山东社会科学，33（4）：63-70.

孙亚范，2003. 合作社组织文化及其对我国农村合作经济组织创新的启示［J］. 农村经营管理，21（7）：9-11.

汤鹏主，范云峰，2014. 我国农民专业合作社的模式及其发展路径［J］. 技术经济与管理研究，35（5）：119-123.

屠凤娜，2008. 产业生态化：生态文明建设的战略举措［J］. 理论前沿，22（18）：36-37.

屠玉麟，1996. 贵州土地石漠化现状及成因分析［N］. 贵阳：贵州人民出版社，58-70.

王军，李霖，刘亚辉，2021. 农民合作社组建联合社的影响因素分析［J］. 农业现代化研究，42（4）：703-712.

王克林，岳跃民，陈洪松，等，2020. 科技扶贫与生态系统服务提升融合的机制与实现途径［J］. 中国科学院院刊，35（10）：1264-1272.

王克林，岳跃民，马祖陆，等，2016. 喀斯特峰丛洼地石漠化治理与生态服务提升技术研究. 生态学报，36（22）：7098-7102.

王鹏飞，王瑞璠，2017. 行动者网络理论与农村空间商品化：以北京市麻峪房村乡村旅游为例［J］. 地理学报，72（8）：1408-1418.

王琦，熊康宁，盈斌，等，2018. 一种专用于喀斯特高原峡谷地区的生态牛棚［P］. 贵州：CN206993990U.

王如松，杨建新，2000. 产业生态学和生态产业转型 [J]. 世界科技研究与发展，22（5）：
24 - 32.

王世杰，2002. 喀斯特石漠化概念演绎及其科学内涵的探讨 [J]. 中国岩溶，21（2）：31 -
35.

王卫军，2007. 试论农民专业合作社法的基本精神与几点不足 [J]. 企业家天地，24（6）：
157 - 158.

王勇，2018. 乡村振兴视野下的农民合作社发展研究 [J]. 中国合作经济评论，2（2）：63 -
79.

王云华，2019. "双生"循环系统下的生态农业与乡村振兴路径探析：基于生态与经济的视
角 [J]. 吉首大学学报（社会科学版），40（2）：150 - 160.

王菀婷，邓毅书，2017. 构树种植加工产业对石漠化治理的综合效益浅析：以西畴县土地
石漠化现状为例 [J]. 云南科技管理，30（6）：39 - 41.

魏民，由建勋，2011. 集约与分散协同的生猪产业生态循环经营模式研究 [J]. 黑龙江畜
牧兽医，54（18）：17 - 20.

温素彬，薛恒新，2005. 企业"三重盈余"绩效评价指标体系 [J]. 统计与决策，21（6）：
126 - 128.

温铁军，杨洲，张俊娜，2018. 乡村振兴战略中产业兴旺的实现方式 [J]. 行政管理改革，
10（8）：26 - 32.

吴彬，徐旭初，2009. 农民专业合作社的益贫性及其机制 [J]. 农村经济，27（3）：115 -
117.

吴传钧，2008. 人地关系地域系统的理论研究及调控 [J]. 云南师范大学学报（哲学社会
科学版），40（2）：1 - 3.

吴炆佳，解佳，孙九霞，2019. 少数民族传统节事商品化：行动主体及微观权力运作 [J].
经济地理，39（5）：217 - 225.

兀晶，2017. 论西部民族地区环境资源型产业扶贫模式的创建 [J]. 贵州民族研究，38
（1）：168 - 171.

谢高地，曹淑艳，2016. 生态补偿机制发展的现状与趋势 [J]. 企业经济（4）：32 - 35.

谢高地，张彩霞，张昌顺，等，2015. 中国生态系统服务的价值 [J]. 资源科学，37（9）：
1740 - 1746.

熊康宁，陈永毕，陈浒，等，2011. 点石成金：贵州石漠化治理技术与模式 [M]. 贵阳：
贵州科技出版社.

熊康宁，陈永毕，肖华，等，2016. 一种喀斯特山区集水养畜系统 [P]. 贵州：
CN105442687A.

熊康宁，池永宽，2015. 中国南方喀斯特生态系统面临的问题及对策 [J]. 生态经济，31
（1）：23 - 30.

熊康宁，黎平，周忠发，2002. 喀斯特石漠化的遥感：GIS典型研究：以贵州省为例 [M].
　北京：地质出版社.

熊康宁，李晋，龙明忠，2012. 典型喀斯特石漠化治理区水土流失特征与关键问题 [J].
　地理学报，67（7）：878-888.

熊康宁，朱大运，彭韬，等，2016. 喀斯特高原石漠化综合治理生态产业技术与示范研究
　[J]. 生态学报，36（22）：7109-7113.

徐家琦，2007. 中国农村新型合作经济组织研究与实践 [M]. 北京：中国大地出版社.

许留兴，熊康宁，吕小溪，等，2016. 一种喀斯特地区的干草棚 [P]. 贵州：
　CN205017899U.

徐旭初，2017. 从十九大报告看农民合作社的作用空间 [J]. 中国农民合作社，9（11）：
　30-30.

徐旭初，2009. 农业专业合作社绩效评价体系及其验证 [J]. 农业技术经济，28（4）：11-
　19.

徐旭初，2015. 浅谈推进农村一二三产业融合发展 [J]. 中国农民合作社，7（3）：21-22.

徐旭初，2018. 合作社在农业产业组织体系中的角色及策略 [J]. 新疆农垦经济，38（1）：
　28-33.

许驰，张春霞，2016. 理事长人力资本对福建林业专业合作社绩效的影响研究 [J]. 林业
　经济问题，36（1）：14-18.

闫春华，2019. 生态脆弱区乡村振兴的生态农业模式：以河甸村"舍饲养殖"产业为例
　[J]. 求索，39（5）：137-145.

杨珊，喻阳华，熊康宁，等，2021. 喀斯特石漠化地区土壤养分对泡核桃功能性状的影响
　[J]. 广西植物：1-15.

叶林，2019. 基于乡村产业振兴的防返贫路径研究 [D]. 成都：四川师范大学.

于菊兰，2012. 借鉴日本农协经验完善我国农民专业合作社发展之对策 [J]. 南方农村，
　28（8）：60-64.

袁道先，1997. 我国西南岩溶石山的环境地质问题 [J]. 世界科技研究与发展，19（5）：
　41-43.

袁道先，蒋勇军，沈立成，等，2016. 现代岩溶学 [M]. 北京：科学出版社.

袁道先，2001. 全球岩溶生态系统对比：科学目标和执行计划 [J]. 地球科学进展，16
　（4）：461-466.

苑鹏，2003. 农民专业合作经济组织：农业企业化的有效载体 [J]. 农村经营管理，21
　（5）：4-7.

苑鹏，2006. 试论合作社的本质属性及中国农民专业合作经济组织发展的基本条件 [J].
　农村经营管理，24（8）：16-21，15.

曾艳，周宝亮，郝柯锦，等，2021. 农民专业合作社盈利能力的影响因素及提升路径 [J].
　西北农林科技大学学报（社会科学版），21（3）：64-73.

张殿发，王世杰，周德全，等，2001. 贵州省喀斯特地区土地石漠化的内动力作用机制 [J]. 水土保持通报，21（4）：1-5.

张殿发，王世杰，2001. 西南喀斯特地区的开发潜力、制约因素及其战略措施 [J]. 农村生态环境，17（3）：9-12.

张晖，2014. 喀斯特石漠化治理增汇型种植与低碳型养殖模式与示范 [D]. 贵阳：贵州师范大学.

张军以，周奉，苏维词，等，2020. 西南喀斯特峰丛洼地区农业现代化转型发展模式研究 [J]. 中国农业资源与区划，41（5）：57-64.

张兰月，向妍，孙浩博，2019. 哈尔滨市新型农业经营主体生产绩效研究 [J]. 黑龙江农业科学，42（9）：125-128.

张强，张怀超，刘占芳，2018. 乡村振兴：从衰落走向复兴的战略选择 [J]. 经济与管理，32（1）：6-11.

张仁寿，蔡元杰，2003. 农业经营体制的一项重要创新：浙江省农民专业合作组织的调查与思考 [J]. 农业经济问题，24（9）：63-66.

张信宝，王克林，2009. 西南碳酸盐岩石质山地土壤-植被系统中矿质养分不足问题的思考. 地球与环境，37（4）：337-341.

张延平，郭波武，樊爱国，等，2019. 珠三角三大高新技术产业集群纵向协同创新效率分析：基于人力资本的视角 [J]. 科技和产业，19（7）：1-10.

张俞，熊康宁，喻阳华，等，2018. 喀斯特石漠化环境植被修复与林产业发展关键技术探析 [J]. 中国农业科技导报，20（7）：19-25.

张俞，2020. 喀斯特石漠化乔灌草修复机制与高效特色林产业模式研究 [D]. 贵阳：贵州师范大学.

张渊媛，徐旭初，薛达元，2014. 发展农民专业合作社促进生态文明建设 [J]. 中国人口·资源与环境，24（S1）：423-425.

赵昂，唐文超，2007. 四川农村专业合作经济组织发展情况综述 [J]. 决策咨询通讯，18（1）：30-32.

赵佳佳，刘天军，田祥宇，2014. 合作意向、能力、程度与"农超对接"组织效率：以"农户＋合作社＋超市"为例 [J]. 农业技术经济，33（7）：105-113.

赵佳荣，蒋太红，2009. 农民专业合作社：一个三重绩效评估模式 [J]. 湖南农业大学学报（社会科学版），10（4）：1-7，26.

赵佳荣，2010. 农民专业合作社"三重绩效"评价模式研究 [J]. 农业技术经济，29（2）：119-127.

赵晓峰，2018. 合作社：让农民成为振兴乡村的主体 [J]. 中国农民合作社，10（3）：54-54.

周洁红，黄好，2018. 以标准化为手段充分发挥合作社在乡村振兴中的引领作用 [J]. 中国农民合作社，10（3）：37-38.

周静，牛亚丽，闫磊，2014. 借鉴韩国农协经验促进中国农民专业合作社健康发展 [J].
　　世界农业，36 (3)：34-37.

周政贤，毛志忠，喻理飞，等，2002. 贵州石漠化退化土地及植被恢复模式 [J]. 贵州科
　　学，20 (1)：1-6.

朱红伟，2008. 产业生态化理论的演化和发展研究 [J]. 中国地质大学学报（社会科学
　　版），8 (5)：27-32.

朱琳敏，王德平，邓楠楠，2017. 精准扶贫背景下产业扶贫发展模式："1+5" 产业扶贫案
　　例分析 [J]. 安徽农业科学，45 (25)：226-228.

ABDUL-RAHAMAN A，ABDULAI A，2018. Do farmer groups impact on farm yield and
　　efficiency of smallholder farmers? evidence from rice farmers in northern Ghana [J]. Food
　　Policy，81：95-105.

ABEBAW D，HAILE M G，2013. The impact of cooperatives on agricultural technology
　　adoption：empirical evidence from Ethiopia [J]. Food Policy，38：82-91.

BALDASSARRI D，2015. Cooperative networks：altruism，group solidarity，reciprocity，
　　and sanctioning in ugandan producer organizations [J]. American Journal of Sociology，
　　121 (2)：355-395.

BARENHOLDT J O，JÓHANNESSON G T，2009. International encyclopedia of Human
　　Geography [M]. Amsterdam：Elsevier，15-19.

BENOS T，KALOGERAS N，VERHEES F J，et al.，2016. Cooperatives' organizational
　　restructuring，strategic attributes，and performance：the case of agribusiness cooperatives
　　in Greece [J]. Agribusiness，32 (1)：127-150.

BERNARD T，SPIELMAN D J，2009. Reaching the rural poor through rural producer or-
　　ganizations? a study of agricultural marketing cooperatives in Ethiopia [J]. Food Policy，
　　34 (1)：60-69.

BILEWICZ A，ŚPIEWAK R，2019. Beyond the "northern" and "southern" divide：food and
　　space in Polish consumer cooperatives [J]. East European Politics and Societies，33 (3)：
　　579-602.

BIRCHALL J，2003. Rediscovering the cooperative advantage：poverty reduction through
　　self-help [M]. Geneva：International Labour Organisation.

BONROY O，GARAPIN A，HAMILTON S F，et al.，2019. Free-riding on product quali-
　　ty in cooperatives：lessons from an experiment [J]. American Journal of Agricultural Eco-
　　nomics，101：89-108.

CALLON M，1984. Some elements of a sociology of Translation：domestication of the scal-
　　lops and the fishermen of St Brieuc Bay [J]. The Sociological Review，32：196-233.

CALLON M，1986. Some elements of a sociology of translation：domestication of the scal-
　　lops and the fishermen of St Brieuc Bay. In Law，J. (Ed.)，power，action and belief：a

new sociology of knowledge [M]. London, UK: Routledge &. Kegan Pau.

CARLETTI A M P, HANISCH M, ROMMEL J, et al., 2018. Farm gate prices for non - varietal wine in Argentina: a multilevel comparison of the prices paid by cooperatives and investor - oriented firms [J]. Journal of Agricultural &. Food Industrial Organization, 16 (1): 1 - 14.

CARSON R, 2002. Silent spring [M]. New York: Houghton Mifflin Harcourt.

CECHIN A, BIJMAN J, PASCUCCI S, et al., 2013. Quality in cooperatives versus investor - owned firms: evidence from broiler production in Paraná, Brazil [J]. Managerial and Decision Economics, 34 (3): 230 - 243.

CHAGWIZA C, MURADIAN R, RUBEN R, 2016. Cooperative membership and dairy performance among smallholders in Ethiopia [J]. Food Policy, 59: 165 - 173.

CHEN Y C, YANG R, WANG M, 2018. Development process of rural homestay tourism and spatial restructuring with the actor - network method from the perspective of shared economy: a case study of Guanhu village in Shenzhen [J]. Progress in Geography, 37 (5): 718 - 730.

CHEN B, ZHANG M, 2015. From beautiful village to urban residents' consumption space: actor - network theory and the social space reconstruction of Dashiao village [J]. Geographical Research, 34 (8): 1435 - 1446.

CHENG C, 2019. Behavioral logics of local actors enrolled in the restructuring of rural China: a case study of Haoqiao village in northern Jiangsu [J]. Journal of Rural Studies.

DESSART F J, BARREIRO - HURLÉ J, VAN BAVEL R, 2019. Behavioural factors affecting the adoption of sustainable farming practices: a policy - oriented review [J]. European Review of Agricultural Economics, 46 (3): 417 - 471.

EHRENFELD J R, 2000. Industrial ecology: paradigm shift or normal science [J]. The American Behavioral Scientist, 44 (2): 229 - 244.

EKBERG E, 2012. Confronting three revolutions: western European consumer co - operatives and their divergent development, 1950—2008 [J]. Business History, 54 (6): 1004 - 1021.

ELKINGTON J, 1998. Partnerships from cannibals with forks: the triple bottom line of 21st - century business [J]. Environmental quality management, 8 (1): 37 - 51.

ESPARCIA J, 2014. Innovation and networks in rural areas, an analysis from European innovative projects [J]. Rural Study, 34: 1 - 14.

FARES M, RAZA S, THOMAS A, 2018. Is there complementarity between certified labels and brands? evidence from small French cooperatives [J]. Review of Industrial Organization, 53: 367 - 395.

FAYSSE N, SRAIRI M T, ERRAHJ M, et al., 2012. Ocal farmers' organisations: a space for peer‐to‐peer learning? The case of milk collection cooperatives in Morocco [J]. The Journal of Agricultural Education and Extension, 18 (3): 285‐299.

FAZZI L, 2011. Social co‐operatives and social farming in Italy [J]. Sociologia Ruralis, 51 (2): 119‐136.

FISCHER E, QAIM M, 2012. Linking smallholders to markets: determinants and impacts of farmer collective action in Kenya [J]. World Development, 40: 1255‐1268.

FONTE M, CUCCO I, 2017. Cooperatives and alternative food networks in Italy, the long road towards a social economy in agriculture [J]. Journal of Rural Studies, 53: 291‐302.

FORD D, WILLIAMS P, 2007. Karst hydrogeology and geomorphology [M]. Chichester: Wiley.

FRANKS J R, GLOIN A M, 2007. Environmental co‐operatives as instruments for delive-ring across‐farm environmental and rural policy objectives: lessons for the UK [J]. Journal of Rural Studies, 23 (4): 472‐489.

FROSCH R A, 1995. Industrial ecology: adapting technology for a sustainable world [J]. Environment, 37 (10): 16‐37.

FROSCH R A, GALLOPOULOS N E, 1989. Strategies for manufacturing [J]. Scientific American, 261 (3): 144‐153.

FULTON M, GIANNAKAS K, 2013. The future of agricultural cooperatives [J]. Annual Review of Resource Economics, 5: 61‐91.

GEZAHEGN T W, VAN PASSEL S, BERHANU T, et al., 2019. Big is efficient: evi-dence from agricultural cooperatives in Ethiopia [J]. Agricultural economics, 50 (5): 555‐566.

GIDARAKOU I, 2000. Farm women's new vocational activities: prospects and problems of women's cooperatives and small on‐farm businesses in Greece [J]. Journal of Rural Co-operation, 28 (886‐2020‐459), 19‐38.

GONZALEZ R A, 2017. Going back to go forwards? from multi‐stakeholder cooperatives to open cooperatives in food and farming [J]. Journal of Rural Studies, 53: 278‐290.

GOODMAN D, 1999. Agro‐food studies in the "age of ecology": nature, corporeality, bio‐politics [J]. Sociologia Ruralis, 39 (1): 17‐38.

HAKELIUS K, HANSSON H, 2016. Measuring changes in farmers' attitudes to agricultur-al cooperatives: evidence from Swedish agriculture 1993‐2013 [J]. Agribusiness, 32 (4): 531‐546.

HAN X, HE F, 2014. The impact of the operation mode of closed supply chain of agricultur-al products on the supply chain performance‐taking 256 leading agricultural enterprises as an example [J]. Finance & Economics (11): 92‐101.

HAO J, BIJMAN J, GARDEBROEK C, et al., 2018. Cooperative membership and farmers' choice of marketing channels - evidence from apple farmers in Shaanxi and Shandong Provinces, China [J]. Food Policy, 74: 53 - 64.

HOKEN H, SU Q, 2018. Measuring the effect of agricultural cooperatives on household income: case study of a rice - producing cooperative in China [J]. Agribusiness, 34 (4): 831 - 846.

HU X, BAO J, 2016. Evolution of rural tourism landscape character network: the case of Jiangxiang village [J]. Geogr. Res, 35 (8): 1561 - 1575.

HUNG J C, TSAI C H, 2011. The performance of cultural and creative goods in translation of actor - network theory: a case of sword - bitten lion in Anping [J]. J Entrep Res, 6: 105 - 122.

ILBERY B, MAYE D, 2005. Food supply chains and sustainability: evidence from specialist food producers in the Scottish/English borders [J]. Land Use Policy, 22 (4): 331 - 344.

JIANG Z, LIAN Y, QIN X, et al., 2014. Rocky desertification in southwest China: impacts, causes, and restoration [J]. Earth - Science Reviews, 132 (3): 1 - 12.

KASABOV E, 2016. Investigating difficulties and failure in early - stage rural cooperatives through a social capital lens [J]. European Urban and Regional Studies, 23 (4): 895 - 916.

KUMAR A, SAROJ S, JOSHI P K, et al., 2018. Does cooperative membership improve household welfare? evidence from a panel data analysis of smallholder dairy farmers in Bihar, India [J]. Food Policy, 75: 24 - 36.

KUMMAR C, PATEL N, 1991. Industrial ecology, proc [J]. National Acad. Sci USA, 89: 789 - 799.

LATOUR B, 1987. Science in action: how to follow engineers and scientists through society [M]. Cambridge: Harvard UP.

LATOUR B, 2007. Reassembling the social: an introduction to actor - network - theory [M]. Oxford: Oxford University Press.

LATOUR B, 1986. The powers of association', in law, J. (ed), power, action and belief: a new sociology of knowledge? routledge and kegan paul, London [J]. pp. 264 - 280.

LAW J, 1992. Notes on the theory of the actor network: ordering, strategy and heterogeneity [J]. System Practice, 5 (4): 379 - 393.

LEVINE S H, 2003. Comparing products and production in ecological and industrial systems [J]. Journal of Industrial Ecology, 7 (2): 33 - 42.

LI L, FAN Z, XIONG K, et al., 2021. Current situation and prospects of the studies of ecological industries and ecological products in eco - fragile areas [J]. Environmental Research.

LIANG Q, HENDRIKSE G, 2016. Pooling and the yardstick effect of cooperatives [J]. Agricultural Systems, 143: 97 - 105.

LIU Y, LIU J, ZHOU Y, 2017. Spatio - temporal patterns of rural poverty in China and targeted poverty alleviation strategies [J]. Journal of Rural Studies, 52: 66 - 75.

LIU Y, MA W, RENWICK A, et al., 2019. The role of agricultural cooperatives in serving as a marketing channel: evidence from low - income regions of Sichuan province in China [J]. International Food and Agribusiness Management Review, 22 (2): 265 - 282.

LONG N, 2003. Development sociology: actor perspective [M]. London: Routledge.

LORENDAHL B, 1996. New cooperatives and local development: a study of six cases in Jamtland, Sweden [J]. Journal of Rural Studies, 12 (2): 143 - 150.

LOWE P, MURDOCH J, WARD N, 1995. Networks in rural development: beyond exogenous and endogenous models [J]. Beyond modernisation: 87 - 105.

LUO J, HAN H, JIA F, et al., 2020. Agricultural co - operativesin the western world: a bibliometric analysis [J]. Journal of Cleaner Production, 273 (12): 29 - 45.

MA W, ABDULAI A, 2016. Does cooperative membership improve household welfare? evidence from apple farmers in China [J]. Food Policy, 58: 94 - 102.

MA W, ABDULAI A, 2019. Ipm adoption, cooperative membership and farm economic performance: insight from apple farmers in China [J]. China Agricultural Economic Review, 11: 218 - 236.

MA W, ABDULAI A, GOETZ R, 2018. Agricultural cooperatives and investment in organic soil amendments and chemical fertilizer in China [J]. American Journal of Agricultural Economics, 100: 502 - 520.

MARCIS J, DE LIMA E P, DA COSTA S E G, 2019. Model for assessing sustainability performance of agricultural cooperatives [J]. Journal of Cleaner Production, 234 (6): 933 - 948.

MOJO D, FISCHER C, DEGEFA T, 2017. The determinants and economic impacts of membership in coffee farmer cooperatives: recent evidence from rural Ethiopia [J]. Journal of Rural Studies, 50: 84 - 94.

MURDOCH J, MARSDEN T, 1995. The spatialization of politics: local and national actor - spaces in environmental conflict [J]. Transaction of the Institute of British Geographers, 20 (3): 368 - 380.

MURDOCH J, 1997. Inhuman/nonhuman/human: actor - network theory and the prospects for a nondualistic and symmetrical perspective on nature and society [J]. Environment and planning D: Society and Space, 15 (6): 731 - 756.

MURDOCH J, 2000. Networks - a new paradigm of rural development? [J]. Journal of rural Studies, 16: 407 - 419.

MURDOCH J, MARSDEN T, 1994. Reconstituting rurality [M]. London: UCL Press.

MUSSON A, ROUSSELIÈRE D, 2020. Exploring the effect of crisis on cooperatives: a bayesian performance analysis of French craftsmen cooperatives [J]. Applied Economics, 52 (25): 2657 - 2678.

OFORI E, SAMPSON G S, VIPHAM J, 2019. The effects of agricultural cooperatives on smallholder livelihoods and agricultural performance in Cambodia [C] //Natural Resources Forum. Oxford, UK: Blackwell Publishing Ltd, 43 (4): 218 - 229.

ORTEGA D L, BRO A S, CLAY D C, et al., 2019. Cooperative membership and coffee productivity in Rwanda's specialty coffee sector [J]. Food Security, 11: 967 - 979.

ORTIZ - MIRANDA D, MORENO - PÉREZ O M, MORAGUES - FAUS A M, 2010. Innovative strategies of agricultural cooperatives in the framework of the new rural development paradigms: the case of the region of valencia (spain) [J]. Environment and Planning A, 42 (3): 661 - 677.

PENNERSTORFER D, WEISS C R, 2013. Product quality in the agri - food chain: do cooperatives offer high - quality wine? [J]. European Review of Agricultural Economics, 40: 143 - 162.

POKHAREL K P, FEATHERSTONE A M, 2019. Estimating multiproduct and product - specific scale economies for agricultural cooperatives [J]. Agricultural Economics, 50 (3): 279 - 289.

REN B M, XIONG K N, WANG Q, 2022. Revitalization mechanism of specialty industries in the karst rocky desertification areas: from a perspective of the actor - network theory [J]. Growth and Change.

SAYES E, 2014. Actor - network theory and methodology: just what does it mean to say that nonhumans have agency? [J]. Social studies of science, 44 (1): 134 - 149.

SEXTON R J, 1990. Imperfect competition in agricultural markets and the role of cooperatives: a spatial analysis [J]. American Journal of Agricultural Economics, 72: 709 - 720.

SHOAIB T, KEIVANI R, 2015. Branding the new city: exploring place branding in Saudi Arabia [J]. Journal of Place Management and Development, 8: 254 - 265.

SHOTA L, NAIRA V, IRINE T, 2019. Supplying of products (Herbs) on the EU market, imereti agrozone, export opportunities [J]. European Journal of Sustainable Development, 8 (3): 145 - 151.

SHPYKULIAK O, BILOKINNA I, 2019. "Green" cooperatives in the formation of an institutional mechanism of development of alternative power engineering in the agrarian sector of the economy [J]. Baltic Journal of Economic Studies, 5 (2): 249 - 255.

SINYOLO S, MUDHARA M, 2018. Collective action and rural poverty reduction: empirical evidence from kwazulu‐natal, South Africa [J]. Agrekon, 57 (1): 78‐90.

STAATZ J M, 1987. Farmers' incentives to take collective action via cooperation: a transaction cost approach [J]. Cooperative Theory: New Approach, 8: 87‐107.

SULTANA M, AHMED J U, SHIRATAKE Y, 2020. Sustainable conditions of agriculture cooperative with a case study of dairy cooperative of Sirajgonj district in Bangladesh [J]. Journal of Co‐operative Organization and Management, 8 (1): 100‐105.

SWAGEMAKERS P, GARCÍA M D D, MILONE P, et al. , 2019. Exploring cooperative place‐based approaches to restorative agriculture [J]. Journal of Rural Studies, 68: 191‐199.

SWEETING M M, 1986. Limestone landscapes of South China [J]. Geology Today, 2 (1): 11‐16.

TANG J W, CHEN M L, CHIU T H, 2018. An exploratory study on local brand value development for outlying island agriculture: local food system and actor‐network theory perspectives [J]. Sustainability, 10 (11): 4186.

TRAUGER A, 2009. Social agency and networked spatial relations in sustainable agriculture [J]. Area, 41 (2): 117‐128.

VAN DER DUIM R, 2007. Tourismscapes an actor‐network perspective [J]. Annals of Tourism research, 34 (4): 961‐976.

VERHOFSTADT E, MAERTENS M, 2014. Smallholder cooperatives and agricultural performance in Rwanda: do organizational differences matter? [J]. Agricultural Economics, 45 (S1): 39‐52.

WANG G W, ZHAO Z W, 2021. The mode and mechanism of poverty alleviation through rural tourism based on the actor network theory: a case study of Leiyingzi village in Chifeng City [J]. Research of Agricultural Modernization, 42 (1): 57‐66.

WOLLNI M, FISCHER E, 2015. Member deliveries in collective marketing relationships: evidence from coffee cooperatives in Costa Rica [J]. European Review of Agricultural Economics, 42 (2): 287‐314.

WOLLNI M, ZELLER M, 2007. Do farmers benefit from participating in specialty markets and cooperatives? the case of coffee marketing in Costa Rica [J]. Agricultural Economics, 37: 243‐248.

WOODS M, 1998. Researching rural conflicts: hunting, local politics and actor‐networks [J]. Journal of Rural Studies, 14 (3): 321‐340.

YUAN D, 1997. Rock desertification in the subtropical karst of south China [J]. Z. Geomorph. N. F, 108: 81‐90.

YANG R, XU Q, ZHOU J D, et al. , 2018. Mechanism of rural space transformation in Fengjian acient village of Shunde district, foshan based on the actor network [J]. Scientia

Geographica Sinica，38（11）：1817－1827.

YEVHEN M，VLADYSLAV V，OLEKSANDR M，et al.，2017. Mmdern transformations in small－scale agricultural commodity production in Ukraine［J］. Marketing and Management of Innovations，4：358－366.

YU L，CHEN C，NIU Z，et al.，2021. Risk aversion，cooperative membership and the adoption of green control techniques：evidence from China［J］. Journal of Cleaner Production，279：123288.

ZHANG L G，ZHI L，ZHANG J，et al.，2014. Multilayer fuzzy comprehensive evaluation of the satisfaction with forestry' specialized cooperative organization［J］. Scientia Silvae Sinicae，50（8）：154－161.

ZHOU J，LIU Q，LIANG Q，2018. Cooperative membership，social capital，and chemical input use：evidence from china［J］. Land Use Policy，70：394－401.

附　　录

附录 1　石漠化地区农民合作社驱动生态
产业发展的影响因素统计表

石漠化地区农民合作社驱动生态产业发展的影响因素统计表见附表 1。

附表 1　石漠化地区农民合作社驱动生态产业发展的影响因素统计表

合作社基本情况							
编号	合作社名称	所在村	地址	成立时间	成员数量	产业类型	是否实现产业发展
人力资源						外部环境	
理事长年龄	理事长文化程度	理事长干部身份	专业技术人员	劳动力保障	组织形式	政府扶持	
资源禀赋						无形资产	
发展当地特色优势产业	地方自然生产条件	生产基础设施	生产设备保障	交通条件	资金保障	销售渠道	品牌或口碑

附录 2　喀斯特石漠化地区农民合作社驱动生态产业发展的访谈提纲

　　您好，我是贵州师范大学的博士研究生，因毕业论文需要，开展关于喀斯特石漠化治理中农民合作社驱动生态产业发展的过程、效果、影响因素的调查。以更加客观地反映石漠化地区农民合作社驱动生态产业发展的情况，访谈的结果仅用于学术研究。请根据您了解的实际情况和实践经验回答以下问题。

　　感谢您的支持和参与！

一、合作社如何形成以及如何驱动生态产业的发展

　　1. 该产业（花椒、肉牛、火龙果、刺梨、黄金梨、旅游等）在当地的发展演变过程？什么时候引进的？如何发展壮大的？有些什么重要的政策对其产生影响？有什么发展带动措施？

　　2. 农民合作社在该产业（花椒、肉牛、火龙果、刺梨、黄金梨、旅游等）的发展和振兴中发挥了什么作用？如何发挥作用？

　　3. 该产业（花椒、肉牛等）如何从本地人自给自足的生产消费模式转向市场交易模式？合作社在其中如何发挥作用？

　　4. 合作社成立前后，该产业（花椒、肉牛、火龙果、刺梨、黄金梨、旅游等）的生产与销售模式发生了哪些变迁？

　　5. 合作社的运营模式是怎样的？

　　6. 村委会、商人、生产大户、政府工作人员、普通农户、喀斯特石漠化环境、市场信息、（花椒、肉牛、火龙果、刺梨、黄金梨、旅游）产业、生产技术等主体在形成合作以及产业发展中是如何发挥作用的？

　　7. 为什么会成立合作社？合作社是如何组织起来的？谁组织？当时成立合作社的初衷是什么？合作社由哪些成员组成？是否得到了国家的政策支持？成立合作社是否对产业发展有作用？是如何发挥作用的？

　　8. 您在合作社成立过程中做了些什么？还有其他哪些人或组织做出了贡献？

　　9. 在喀斯特石漠化脆弱生态环境地区，该产业能够发展壮大是什么原因？

　　10. 采用何种组织形式？为什么会形成该组织形式？该组织形式带来了什么好处和有什么弊端？

　　11. 本村还涉及哪些生态产业类型？它们的规模和发展情况是怎样的？

12. 您认为在当地的石漠化环境下发展生态产业与非石漠化地区有什么不同？

13. 您认为什么样的发展模式比较适宜当地的环境？

14. 合作社的产业发展带来了哪些生态效益、社会效益、经济效益？

二、合作社发展产业的过程、效果及影响因素

1. 哪年开始种植（养殖）？哪年开始产生收益？梨树（刺梨、黄桃）的丰产期是多少年？

2. 主要涉及哪些成本？租地费用、租地面积、每亩地价格是多少？租地与农户谈了多少年？是怎样的交付方式？一次性付清还是分年支付？为什么会选择在这里租地？租的地是集中连片的吗？租地过程是否遇到困难？

3. 每亩种植多少株苗（梨、刺梨、杨桃、火龙果）？一株树苗多少钱？成活率是多少？一亩地一般要补种多少株？每亩地要多少钱的苗木费？

4. 从年初到年末需要进行管护的顺序？哪些过程（修枝剪叶、除草、疏果、上套、收果、施肥、包果）需要支付劳务费？每个过程涉及的时间段及天数？每个过程每天平均需要多少个务工人员？每人每天多少钱？

5. 一年施肥几次？一般是几月施肥？施肥的类型？复合肥还是尿素？一棵树一次施肥多少？一亩地一次施肥多少？一亩地施肥需要多少钱？一包复合肥重量是多少？多少钱一包？合计要多少肥料？每年多少钱？

6. 除上述成本外，是否涉及其他成本？如运输费等。

7. 平均每亩地产果多少？共计产果多少？达标果占多少？占总产量的比重？达标果的价格是多少？近三年的价格及产量是多少？未达标果的价格及处理方式是什么？

8. 一般销售到哪些地方？是通过什么形式联系商家？通过什么方式销售？销售情况如何？是否稳定？各地的价格是否有差异？有没有通过网络进行销售？

9. 合作社为什么会选择种植黄金梨（刺梨、杨桃、火龙果）、养牛、养鸡？该产业发展的各个阶段面临的困难是什么？

10. 合作社发展生态产业的收入是否大于支出？可持续性如何？

11. 合作社发展生态产业对周边农户的带动作用大吗？主要体现在哪些方面？

12. 为什么会选择在该地建立基地？这个地方有什么优势吗？

13. 涉及了哪些生产设施设备的建设（如产业路、加工厂房、设备购置等）？是如何筹资建设的？建设各项设施的费用投入？

14. 是否得到政府项目支持？是什么项目？以哪种形式？是否得到资金支持？得到多少资金？具体用于支持什么？

15. 您觉得合作社发展生态产业有些什么问题？面临什么困难？什么产业以及怎样的方式能够带动当地百姓致富？

16. 哪些因素能够促使合作社成功驱动生态产业发展？哪些因素是需要重点考虑的？

附录3 喀斯特石漠化治理中农民合作社 驱动生态产业发展模式推广 适宜性指标权重调查表

尊敬的专家：

您好，我是贵州师范大学的博士研究生，因毕业论文需要，开展关于喀斯特石漠化治理中农民合作社驱动生态产业发展模式的推广适宜性指标权重的调查。为客观、真实的反映"毕节模式""贞丰-关岭模式""施秉模式"推广适宜性的影响因素，现对各项指标的相对重要性征求您的宝贵意见，请各位专家根据自身的工作与实践体会，通过各项指标间的两两比较，在调查表中给出对应的分值。

感谢您的支持和参与！

一、填表说明

请根据指标间的重要程度，依据评分标准进行打分，评分标准见附表2。

附表2 评分标准

序号	重要性等级	B_{ij}赋值
1	第i个因素与第j个因素的影响相同	1
2	第i个因素比第j个因素的影响稍强	3
3	第i个因素比第j个因素的影响强	5
4	第i个因素比第j个因素的影响明显强	7
5	第i个因素比第j个因素的影响绝对强	9
6	第i个因素比第j个因素的影响稍弱	1/3
7	第i个因素比第j个因素的影响弱	1/5
8	第i个因素比第j个因素的影响明显弱	1/7
9	第i个因素比第j个因素的影响绝对弱	1/9

注明：$B_{ij}=\{2, 4, 6, 8, 1/2, 1/4, 1/6, 1/8\}$ 表示重要性等级介于$B_{ij}=\{1, 3, 5, 7, 9, 1/3, 1/5, 1/7, 1/9\}$，这些数字是根据人们进行定性分析的直觉和判断而确定的。

附　　录

二、重要性打分表

1. 一级指标重要性比较（附表 3）

附表 3　一级指标重要性比较

	自然背景因子 B_1	生态脆弱因子 B_2	社会经济因子 B_3
自然背景因子 B_1	1		
生态脆弱因子 B_2		1	
社会经济因子 B_3			1

2. 二级指标重要性比较（附表 4）

附表 4　二级指标重要性比较

自然背景因子 B_2	岩性 C_{11}	年平均气温 C_{12}	坡度 C_{13}	年降水量 C_{14}	海拔 C_{15}	旅游资源 C_{34}
岩性 C_{11}	1					
年平均气温 C_{12}		1				
坡度 C_{13}			1			
年降水量 C_{14}				1		
海拔 C_{15}					1	
旅游资源 C_{34}						1

生态脆弱性因子 B_2	石漠化 C_{21}	土地利用 C_{22}	植被覆盖度 C_{23}
石漠化 C_{21}	1		
土地利用 C_{22}		1	
植被覆盖度 C_{23}			1

社会经济因子 B_3	农业人口密度 C_{31}	人均 GDP C_{32}	交通条件 C_{33}	旅游资源 C_{34}
农业人口密度 C_{31}	1			
人均 GDP C_{32}		1		
交通条件 C_{33}			1	
旅游资源 C_{34}				1

图书在版编目（CIP）数据

喀斯特石漠化治理中农民合作社生态产业驱动机制与
模式研究 / 任笔墨著. -- 北京：中国农业出版社，
2024. 12. -- ISBN 978-7-109-32975-1

Ⅰ. F127.73

中国国家版本馆 CIP 数据核字第 2025X8J793 号

喀斯特石漠化治理中农民合作社生态产业驱动机制与模式研究
KASITE SHIMOHUA ZHILI ZHONG NONGMIN HEZUOSHE SHENGTAI
CHANYE QUDONG JIZHI YU MOSHI YANJIU

中国农业出版社出版

地址：北京市朝阳区麦子店街 18 号楼
邮编：100125
责任编辑：张丽四　李　辉
版式设计：小荷博睿　　责任校对：张雯婷
印刷：北京印刷集团有限责任公司
版次：2024 年 12 月第 1 版
印次：2024 年 12 月北京第 1 次印刷
发行：新华书店北京发行所
开本：700mm×1000mm　1/16
印张：12
字数：215 千字
定价：72.00 元